JN204589

夢見る力

人生の王道を歩む魔法の力

吉田 遠

東京図書出版

夢見る力が生きる力

逆境や困難に遭遇されたあなたに、誰かからの声が聞こえた。
「それは勝つことができるか」
夢見る力に溢れているあなたが、微笑みながら、立ち向かっていた。
そして、神《かみ》ってることが起こった。
イメージ通りの晴れ上がった景色とすっかり変わった。
病気や不調に襲われたあなたに、誰かからの声が聞こえた。
「それは追い払うことができるか」
生きる力に溢れているあなたが、笑顔で歌を口ずさみながら、立ち向かっていた。
そして、神ってることが起こった。
想像する通りの颯爽《さっそう》とした元気な体になっていた。
世の中にはありとあらゆるものが溢れている。
そんな中、私達が忘れかねないものこそ夢見る力だ。
夢見る力とは、トンネルの向こう側には必ず光があることを知っていることだ。
夢見る力とは、積極的な心で、喜ぶような想像力で人生の王道を歩むことだ。

夢見る力

✿

もくじ

第一章

今の自分を見つめる心の力

生命力を悟る

宇宙の始まりは、宇宙物理学のビッグバン理論で説明されると言われている。つまり、一三〇億年ほど前に超高温、超高圧の素粒子の塊《かたまり》が大爆発を起こして、宇宙は造られた。そして、いま現在もなお膨張（成長）し続けている。なぜそのような偉大なことが起こっているのだろうか。

答えは簡単だ。「宇宙は愛に満ちた無限の生命力を持っている」からだ。

つまり宇宙には、森羅万象あらゆるものを成長、発展させていこうという意志と、すべての生きとし生けるものを善の方向へ導いていこうという愛がある。

宇宙の歴史から見れば、私達人類は、素粒子から始まり高等生命体へと進化し、それが発展する過程によりダイナミックに生み出された存在なのだ。

宇宙には輝く星が六〇兆個ある。私達人間には大切な細胞が六〇兆個ある。宇宙は水素、ヘリウム、酸素、窒素、炭素から成っている。人間は酸素、炭素、水素、窒素、カルシウムから成っている。宇宙と人間の組成がほぼ一致していることがわかる。「小宇宙」とも言えるあなたは宇宙と同様に、生まれながら与えられた無限の生命力を、作ろうと思わなくても出来上がるようになっている。その不思議な真実の力に気付けば、あなたは自分を百倍信じることができる。そしていかなる時期においても、いかなる場合においても良い方向へ、良い人生を生きることができる。

精神心理学の世界的な権威であるジョセフ・マーフィー博士がこのように語っている。

「時代を問わず最も偉大な発見は、私達の中にある潜在意識の力に気付いたことだ」

「あなたの中にある力を知り、その力と親しむことこそが唯一の重要なことなのだ」

宇宙は愛に満ちた無限の生命力を持っている。

あなたにも同じような生命力があることに気付けば、
あなたは自分を百倍信じることができる。

積極的精神を持つ

ある宗教の教祖が四十人の使徒《しと》を連れて山道へ赴《おもむ》きながら、「積極的精神が人間のすべてのことを成就《じょうじゅ》できる鍵だ」と使徒達に教えていた。一人の使徒が、

「積極的精神があるなら、あの山にこちらに来てもらって、われわれを山頂《さんちょう》に立たせることができるだろうか」

と質問した。教祖は顔に笑みを浮かべ、大声で「オーイ、山よ、こっちに来い」と叫んだ。しばらくすると、山谷に響いていたこだまが消えた。教祖が続けてまた大声で「山がこちらに来ないなら、われわれが山のほうへ行こう」と叫んだ。山谷に響いていた叫びの声が使徒達の心へゆきわたった。山を登るのだ！　最後に全員が山頂に辿《たど》り着《つ》いた。

私達が何かをしようとする時、最重要なのは知識や能力や学問だと思いがちだ。また、体の健康法を探そうとする時、最有効なのはサプリメントだと思いがちだ。しかし本当は、「こちらに来ない山のほうへ行こう」という積極的精神が知識や能力や学問より、物質のサプリメントより重要なものなのだ。

積極的精神を持つことは大雨であろうと、台風であろうと、心に太陽が昇っていることだ。

まさに「日日是好日」という言葉通りだ。

積極的精神を持つことは健康、長寿に欠かせない大事な要素だ。それがあれば、どんな時でも「大丈夫だ」「まだ恵まれている」と捉えることができる。プラス思考へ切り替えることによって究極の快楽ホルモンβ－エンドルフィンが分泌され、私達の心身の健康作りに役立っている。

積極的精神があれば、たとえどんな不運な時期があろうとも、どんな健康を損なう事態が起ころうとも、挫けることなく颯爽として打開していくことができる。

アメリカの有名な心理学者ウィリアム・ジェームズがこう語っている。

「われわれの時代の最大の発見は、人間が心的態度を変えることによって人生を変えられるということを知ったことである」

人間の心には一つの宝物が入っている。

それが積極的精神だ。それを生かせば、健康、成功、幸福、繁栄をもたらしてくれる。

思念力に気付く

人間は色々と手に入れたいものがある。しかし、多くの人が、何でも手に入れられる魔法が自分の心の中に潜んでいることに、気付いていない。それは宇宙根源の力に結び付く私達の生命の中に宿っている心の力、いわゆる「思念力」だ。この思念力を充分に認識し、それを順調に発揮するのが大切なのだ。

思念力とはすべての物事の考え方、思い方なのだ。すべてを良いことのために生かしたいのなら、私達の心の態度を常に積極的な考え方、建設的な思い方のところに置かなければならない。幸せな人生のために目標、願望の実現に向かって邁進する。

アイルランドの詩人であり作家であるオスカー・ワイルドがこう言っている。

「人生は複雑じゃない。私達のほうが複雑だ。人生はシンプルで、シンプルなことが正しいことなんだ」

建設的な思い方で生きることがシンプルに生きることなのだ。

思念力を生かし、「夢が実を結んだ」このような逸話がある。

ドラマ『下町ロケット』のモデルとして、北海道植松電機株式会社が話題になった。民間企業でありながら、宇宙開発のロケットの打ち上げを成し遂げている。植松社長は紙飛行機好きな子供時代から宇宙に憧れていた。彼は宇宙への強烈な思いを抱きながら、「思うが招く」という母親の励ましの言葉を常に口にしていた。自分が手に入れたいものを決め、目標を達成する自分の能力を強く信じ、何が何でもそれを実現したいという思いで宇宙開発事業の成功への道を辿っていた。

あなたが魔法の思念力をシンプルに生かせば、何でも手に入れることができる。

「あなたの人生はあなたの思い描いた通りになる」

これはジョセフ・マーフィー博士のゴールデン・ルールなのだ。

思念力とは常に思念していることに向かって語りかけ、心の中に宿っている神（宇宙の活力）の力を生かすことだ。人は自分の意志で人生を変えられる不思議な力を持っている。

すべてを良いことのために生かしたいのなら、あなたは思念力を積極的なこと、良いことのみに使わなければならない。

自分を肯定的に捉える

多くの人は自分を肯定的に捉えることが苦手だ。それは他人の優れた才能に並べられるようなものが自分にはないと心の中で嘆いているのが大きな原因の一つだ。

あなたは世界でもユニークなオンリーワンの大切な存在だ。あなたには何かキラキラ輝くものが秘められている。誰にもない、あなただけに備わった天賦の個性を生かし、いくらでも磨くことができる。ＳＭＡＰの人気曲『世界に一つだけの花』のように、咲かせるべきあなただけの花があるのだ。

「自分は生まれつき〇〇が悪い」というコンプレックスを抱く人がいるならば、マイナス面にこだわっている思考回路をプラス思考に切り替える必要がある。

心理学者アルフレッド・アドラーがこう言っている。

「コンプレックスというのは人間が自分自身に足りないと思われる部分を補おうとする心の働きのことだ」

まるでそれは、木の幹を傷つけると、幹の傷のついた部分の木の皮がゴワゴワと膨らんで、幹の傷を覆い隠すかのようだ。コンプレックスは向上心の源だ。ベートーヴェンは耳の不自由さを克服して、偉大な交響曲を作った。ルーズベルトは小児マヒを乗り越えて、車椅子の大統領になった。

コンプレックスを逆手にとって自分の武器となるものを探し、奮起のバネにするかどうかは、あなた次第だ。

人には皆多かれ少なかれ、コンプレックスがあるものだ。コンプレックスがあること自体は恥でも何でもないのだ。自分の良い所に意識を向けて、前向きに肯定するだけでも人生をかなり溌剌としたものに変えていけるのだ。

何かを成し遂げようとする時、「もっともっと主義」を貫く人がいるとすれば、その人は、自分がネガティブな感情に陥りやすいということに気付くべきだ。

完璧主義にこだわらず、結果がなんであれ、前に進んで挑戦する自分の姿を褒めまくるべきだ。自分で自分を褒めると、気分が良いというだけでなく、それが自分自身を増強させ、進歩させる効果的な自己訓練にもなる。

自分のポジティブな資質を褒めたり、「よりマシ精神」で慰めてあげることによって、「脳内モルヒネ」（脳内快楽物質）という良いホルモンが分泌されるようになる。そうすれば自分でも驚くほど前向きになり、やる気のパワーが溢れてくる。

成功、幸福に恵まれている人は皆、自分を肯定的に捉えること、自分を褒めること、自分を乗せることが上手な人なのだ。

自己肯定が自信向上に繋がる人生の必要なスキルなのだ。

自分自身、自己思考能力を大切にできることこそ、
それ相応《そうおう》の高尚《こうしょう》なものが伴ってくるのだ。

プラス思考を心がける

　ある団地で、年末、自治会の後に自主的なボランティア活動の町の大掃除が始まった。一人の「目立つ」女性が愛想よくニコニコと笑いながら、皆と一緒に町の道路をきれいに掃除していた。その中の一人の高校生らしき女の子が、

「彼女は顔にひどいやけどをしているのに、なぜあんなに愛想よく振る舞えるのですか」

と小さな声で理事長に尋ねると、理事長はこう答えた。

「彼女はいつもニコニコと笑顔で参加してくれて、ポジティブな態度を貫くことをモットーにしていますよ。素敵ですね」

　なるほど、体質的にプラス思考のできる彼女のような人こそ太陽に照らされた楽しい心の持ち主だ。

　プラス思考、ポジティブ・シンキングとは気の持ちようを前向きなところに置くことだ。認知行動心理学から言えば、自分が好きで、自分を信じることができれば、プラス思考ができる体質に変わるようになる。そうなれば、いつも前向きに生きる発想や姿勢も生まれてくる。新しいことに意欲的に取り組み、新しい可能性も開けてくる。そして運やツキ等が向こうから

やってくる。

　プラス思考は物事をすべて良いほうへと考え、プラス発想をすることだ。それは医学的に、脳内から良いホルモンを分泌し、全身に作用していく最強の健康効果があると証明されている。人間学的にも人は、「ありがたいな」と思うほうが気分がよかったという体験をたくさん持っている。人生の中で笑ったり、感謝できたりすることを心で味わうことができることは何より幸せなことだ。そういう「楽しい」「ありがたい」感情が、人間の脳の扁桃体や海馬というところに記憶として残っている。それを、何でも「ありがたい」というキーワードでアクセスすると、日常の上で、楽しい日々を送ることができる。訓練すれば、どんな時でも自分の気分を整えられるようになる。

　また、プラス思考は理性や知識より素早く成果を挙げられる「直観力」の養成に役立っている。

「望梅止渇」という四字熟語がある。それは、酸っぱい一生残るような味わいを思い出すだけで唾液腺が影響を受け、渇いた口に唾液が出てきて、飲みたいという心を満たす働きのことだ。何かを思う「意識」によって脳内には必ず神経伝達物質、いわゆるホルモン「物質」が出てきて、人間の体全体に作用していく。そのような「エネルギー」が必ず伴うということがわかるはずだ。

「良いことを思えば良いことが起こる」

これはジョセフ・マーフィー博士の名言だが、言い換えれば、良いことを思えば良いホルモンが出る。良いホルモンが、もちろん体に良い影響を与えてくれる。「いいな」「ありがたいな」と思う心のプラス発想をすれば、リラックス脳波のα波が出て、β－エンドルフィン（最強快楽ホルモン）が分泌されてくる。β－エンドルフィンこそが免疫力の向上、記憶力の強化、活力のみなぎらせ、忍耐力の創造、成人病やがんの予防等の素晴らしい効果を導き出してくれる。

プラス思考によって、私達人間の体内製薬工場が、あっという間に体のための健康良薬を作り出してくれる。

反対に、「いやだな」と思うマイナス思考をしたり、怒ったり、憎んだりすれば、β－エンドルフィンは分泌されない。そのかわりに、蛇毒に匹敵するほどの有毒ホルモンであるノルアドレナリン、アドレナリンが分泌される。これは、すべての病気の根本的原因になるものだ。「たかが思うだけじゃないか」という考え方は間違っていると理解できるはずだ。

プラス思考の真諦《しんてい》は、とてもプラスには思えないことをプラス発想に切り替えることにある。人生に様々なことが起こった際、プラス思考の「よかった精神」を心がけることは意味深い。「禍福はあざなえる縄のごとし」辛いこと、暗いこと、病気のこと、悲しいこと……しかし、どんな暗黒の夜であっても、夜空に燦々《さんさん》と輝いている星が必ずある。もしくは、泥がいっぱい詰まったバケツであっても、手を突っ込んでかき回せば、一個か、それ以上の透明な石が交じっているものだ。

「事業がこのぐらい失敗したからといって、終わりじゃない、天がほかの道もあると教えてくれてよかった」

「命があってよかった」

このように「よかった精神」というプラス思考で、目の前の不本意な事実から透明な石を見出すことができる。それでパニックの感情に呑み込まれる状態に陥ることは避けられる。

「不幸を治す薬はただ念願するよりほかございません」という英国の劇作家、シェイクスピアの劇中での名台詞のように、「失敗には失敗の効用がある」「病気には病気の意味がある」と考え直し、踏ん張っていけば乗り越えることができる。

プラス思考は楽に身に付けようとしても簡単に身に付けられるものではない。それは人間心理学から見れば、人間は一般的に安定を追求するものであり、その九割方はマイナス思考に傾きやすいからだ。空を飛んでいる小鳥を見た漁師が、「小鳥はたいへんだ。エサのためにひたすら飛んでいるのだ」と嘆いている。一方で、同じ景色を見たビジネスマンが、「いいな、小鳥は翼があって、自由自在に飛んでいるなぁ」と呟いている。

プラス思考の心の舵とりは、あなた自身にある。

世の中に完璧な幸せに包まれている人は絶対にいない。今ありのままの幸せを味わえないマイナス思考の人がいるとする。そういう人はいつもマイナスのことに目を向け、負のスパイラルに陥る手前を徘徊している。まるで晴れたお日様の日差しを心の窓に入れないかのように。

プラス思考がいかに私達の人生において大事なことかはわかるはずだ。人生において生活は鏡のようなもの。生活を心から楽しくエンジョイすれば、いかなる人生も楽しくなる。「人生楽園」があなたのものだ。

プラス思考の真諦は
とてもプラスには思えないことを
プラス発想に切り替えることにある。

良いことを思えば良いホルモンが出て、体に良い影響を与えてくれる。

前向きに信じる

信じることとは、いかなる状況でも物事を真実として受け入れることだ。そのためには建設的なこと、良いことのみを信じる心の力を使うべきだ。みじんも疑わず、粘り強く心の奥底で信じ続ければ、必ず現実となる。

これは、ある有名な日本人のマジシャンが面白い実験を行ったエピソードだ。凄腕を披露する際、ホールに座っている六百人ぐらいの観衆にスプーンを配った。「僕のスプーンを曲げる力は凄いよ。皆様は僕のかけ声と一緒に僕の動作をまねて曲げてみてください」と観衆に声をかけた。「一、二、三、せーの」すると目を疑うほどのことが目の前で起こった。大勢の人達が、曲げたスプーンを挙げて一斉に歓声を上げた。「やった」

普段なかなか曲げられないステンレスのスプーンが、来場者の三分の一の二百人ぐらいに曲げられたのはマジシャンの話を信じきったからだ。信じる力は思ったことを実現させてしまうのだ。建設的なこと、良いこと、願望実現のことを強く信じれば、信じた通りのことを成就させてしまうのだ。

逆に良くないこと、マイナスのことを強く信じてしまえば、同じく信じた通りのことが真実として現れる。

ある高校教師が定期健康診断を受けた後に「胃潰瘍の疑いがある」という健診結果が出た。それまで自覚症状は何もなかったが、結果を知ってから胃が痛み、吐き気までもがするようになった。精密検査を受けるまでの一カ月間、毎日体調の悪い状態が繰り返されていた。

ところが精密検査の結果は正常で、担当医師はこう説明した。

「バリウムが胃の壁についてポリープのように写っていたのではないか」

この高校教師は誤った健診結果を信じたあげく、本当に胃潰瘍の症状が現れてしまったのだ。

信じる力をみなぎらせるためには、あなたは積極的なこと、有益なことだけを信じ続けるということを心に銘記しなければならない。人間は自分が信じているようになる。

英語では信じること（beleive）は生きること（be-live）を意味する。良いこと、善のこと、建設的なことを信じて生きなくてはならない。反対のものを信じれば、悪（evil）（live の逆のスペル）のものとなる。生きる意味がなくなり、悪い結果となる。

人間が前向きに信じることができれば、霊的な力、心の力を最高に発揮することができる。

心の力は「口先」と「心の奥」とでは、「心の奥」で信じるほうが働く。

アメリカの精神治療家フィニアス・クインビー博士がこのように語っている。

「私が一つの事を信じた場合、それが必ず結果となって現れることが分かりました」

健康、成功、幸福、繁栄というような積極的確信を持ち続けていこう。

「あなたが信ずるところにしたがってあなたになされる」

「あなたは自分が豊かになれると信じるだけで豊かになれます。信じることができる人には奇跡が訪れるからです」（ジョセフ・マーフィー博士の名言）

奇跡は、信じる人に起こる。

信じることとは良い願望に魂を吹き込むことだ。
信じる力が、あなたの心の力を強化できるものにほかならない。
積極的確信を持ち続けていこう。

幸せを味わう

ある樵《きこり》が帰る途中の道端で傷付いた銀色鳥を拾って帰った。彼はキラキラと輝く銀色ずくめの羽毛に包まれた小鳥を目にして喜んだ。「こんなに綺麗な銀色鳥をはじめて見たな」。そして、熱心にこの鳥の世話をし続けた。樵は小鳥の傷付いた足の治療をしてあげながら、綺麗な歌を歌う鳥のさえずりを楽しむ日々を送っていた。

ところが、この情景を見ていた隣人に「銀色鳥より、もっともっときれいな金色鳥がいるよ」と告げられた。樵の毎日は「金色鳥を渇望《かつぼう》する」焦燥感に覆われた日々に変わりつつあった。銀色鳥のさえずりも樵の「もっともっと」の心を満たせなくなった。

ある日、元気になった銀色鳥がいつものさえずりを終えた後、庭に座っていた樵に向けて感謝のおじぎを三回して、夕焼けに染まった空へ飛んでいった。樵は銀色鳥が黄金色の夕焼けに包まれて金色鳥に変身したことに気が付いた。そして「求めていた金色鳥はいま飛んでいった銀色鳥だったんだな」と地団駄《じだんだ》を踏んで残念がった。

幸せとは「幸せ」に気付いた時に分かるのだ。幸せは向こうからやってくるのではなく、気付いていくことで人は幸せになれるのだ。

欲しいものを得る幸福は誰でも知っている。「知足精神」の幸福を悟っている人は限られている。「もっともっと主義」を主張する人にはいくら幸福を求めても幸福は少しもやってこない。「ないもの」ばかりを探して常に失意の淵《ふち》に落ち込んでしまう。それなら、今「あるもの」を数えて価値高く評価し、感謝し、自分はまだ恵まれていると喜ぶほうがいい。

幸せは「もっと欲しがる」金色鳥のように追い求めたり、探したりするものではない。すでに樵のところに銀色鳥がいたのだ。彼がそれを感じられれば、もう百パーセント幸せなのだ。

幸せとは毎日毎日、一瞬一瞬の積み重ねで長く続く幸せを作ることだ。

心のカレンダーに幸せの日を多く記憶するためには、あなたは平凡な日々でも「幸せに気付ける能力」を磨くようにすればいい。幸せの感受性が高くなれば、当たり前のありがたさに気付くはずだ。

人間はなぜ、贅沢《ぜいたく》なご馳走に満たされない時がある一方で、一つのおにぎりに至福を感じる時があるのだろうか。

「人間の幸不幸は、その人が精神に何を食べさせているかによって分かれるのだ」

本当にジョセフ・マーフィー博士の言葉通りだ。

地位、名誉、財産を多く持ち合わせている人は素晴らしいけれど、必ずしも幸福を味わえるとは限らない。ほんのささいなことに対しても喜んだり、感謝したりすることができる人こそが本当に幸せな人だと言える。

幸せだと思った時から幸せが始まる。

ほんのささいなことでも喜ぶことを覚えよう。

自分の判断力を磨く

昔の有名な寓話がある。一人の百姓と息子がロバを引っ張って村の市場へ売りに行った。途中、井戸端会議をする女性達の笑い声が聞こえた。「見てよ、バカな二人がロバに乗らないで、自分で歩いているよ」。百姓はすぐ息子をロバにまたがらせて、自分は機嫌よく歩いた。次に、道に座っていた村の年配の人達に見られ、

「ほら、かわいそうに、歳のお父さんが歩いて、懶《なま》けものの息子がロバに乗っているよ」

と言われた。百姓は息子を降ろして、自分がロバにまたがり道を進んで行った。今度は道端で子供達と遊んでいた母親達に言われた。

「子供がかわいそうに、歩いているわ」

百姓は息子をロバに引き上げて、二人でロバに乗って前に進んで行った。村の市場の近くで商売をする男達の叫び声が耳に入った。

「動物虐待だ。これは自分のロバか」

二人は慌ててロバから降りて、拾った棒にロバの足を縄で縛りつけ、ロバを担いで歩いた。賑やかな市場の入り口に小さな橋がある。それを通る時に、ロバが暴れ出し、とうとう橋の

下の川に落ちてしまった。

周りの人達にどう言われても、ロバをきちんと村の市場へ持って行き売ればいいだけの話だが、結局は、ざるで水をすくうこととなった。

自分で判断するということは、自分の運命を思うがままに支配し、創造していくための大前提になることなのだ。自分の目で観察して自分の判断で決着をつけて行動する。あたかも初心者が車の運転を習うように、自分が運転席に座って、ハンドルを握ってアクセルを踏んだりすることによって、車の運転の仕方も体で習得できるようになる。もしも助手席に座って運転を誰かに任せれば、あなたはたぶん道すら覚えられず、ずっと運転できないだろう。

何があっても誰かから何か言われてもかまわず、自分の判断力を磨いて、前進する。他人の言い方に振り回されないことはあなたの人生にとって、重要であるということを認識すべきだ。あなたの判断力、選択力を向上させることができれば泰然自若としていられ、たとえ「不透明、不安定な時代」であっても颯爽と駆け抜けられるようになる。

選択力も判断力と同様に、あなたの人生に欠かせない大切な要素なのだ。裏にあるあなたの心の態度の選択が、表にある学校、仕事、職業などの選択より優先される項目だ。

選択力とは前方と上を見て建設的なことを選ぶこと、ほかの消極的なものを捨てることだ。もしあなたが何か不満を感じて生きている今にいるならば、何か否定観念や執着を所持し過ぎて心の荷物が重くなっているのかもしれない。マイナスの考え方が、あなたを幸福にしてくれるはずの頭脳が、負債として、あなたの人生に重荷を課すのだ。それなら、あなたにとってマイナスとなる心の荷物はすべて思い切って捨ててしまうのだ。

人のアドバイスや意見は決定的ではなく、間違いや失敗は致命的ではない。最も大切なことは自分の運命の支配者が自分自身であると認識することなのだ。あなたが自分の判断力、選択力の権利をしっかりと握り、邁進する。

「あなたの運命を決めるのは、あなたの心に張られた帆であって風ではない」

まさにジョセフ・マーフィー博士の言葉の通りなのだ。

自分の目で観察して
自分の判断で決着をつけて行動する。

それは人生を健康、繁栄、幸福に導く力が心に備わっている自分を信じて判断を下すことだ。

自然のリズムで生きる

ある蛙《かえる》が歩いている一匹の百足《むかで》を見かけた。

「四つの足で歩くのもたいへんなのに、百足がどうやって百本足で歩いているのか、不思議だな」と心の中で考えた。そしてその問いを百足に投げ掛けた。百足はこう答えた。

「僕は、いままで生きてきて、そんなこと一度も考えたことがなかった。ちょっと考えさせてくれ」

しばらくすると、百足は、自分がそこで止まったままで前に進めなくなっていることに気付いた。

「もうその質問は、ほかの百足にはしないでくれ。自分の足をコントロールできなくなったよ」

と百足が訴えた。

これは人間にも当てはまることだ。情報過多の今の時代では、情報の取捨選択がうまくできずに、それに振り回され続けるならば、人間は思考停止状態に陥るおそれがある。「知識は力なり」より「知識の運用は力なり」のほうが正しい。

日々の生活に簡単な検索で入手できる情報があまりに多過ぎて、逆に「何を信じればいいか分からない」という思惑が心の力の働きを弱める。情報の暴飲暴食が、神経過敏やつまらないことが気になるという副作用を生んでいることを理解したほうがいい。

自然のリズムで生きるとは積極的な心の態度で、天地自然の理に沿ってシンプルに生きることだ。情報、知識を得たいということ自体は前向きな気持ちだが、情報は鵜呑みにするのではなく、まず自分のフィルターを通し、適切に識別し、判断することができてはじめて有効なものになる。

身近なところで起きている出来事をよく観察し、今というものを受け入れて、自然に育っていくほうが、取捨選択する能力の向上に繋がるかもしれない。

自然界では、星たちが地図を見ずに各自の軌道に正しく乗り、太陽を転《まわ》っている。仮に星たちにデバイスや物差しを持たせて転らせるならば、かえって各自が軌道を逸し、自然の秩序を乱すことになるだろう。

私達人間が、生きる自信と目標を持たずにいちいち山ほどの情報、知識を調べることに頼って歩むならば、幸せな人生のゴールに辿り着くことができないだろう。

あなたは自作自演の人生ドラマの中で、自分がなりたい自分を思う存分生きればいい。

人生のドラマの中では時々ブレイクして、周りの景色を眺めてエンジョイする必要もある。ドラマの主人公の役割を演出することに集中しよう。自然のリズムに従って楽しく生きよう。

「知識の運用は力なり」のほうが「知識は力なり」より正しい。

積極的な心の態度で、天地自然の理に沿って、自然のリズムでシンプルに生きよう。

個性を発揮する

二人のビジネスマンが退勤後、居酒屋に飲みに行った。ほろ酔いで店を出た後、先輩が不注意で鍵を落とした。街灯の下で鍵を捜している先輩を見て、後輩は言った。

「鍵は向こうの暗がりで失くしたのに、なんで明るいこちらの街灯の下で捜しているのですか」

「こちらのほうが明るいから、捜しやすいよ」

と先輩が答えた。

現代社会では、自分らしい針路を正しく探すことが大事な課題になっている。「みんながやっているから自分も乗り遅れたくない」という流れが往々にしてある。自分の考えに基づく行動ではなく、常に「みんながやっているから」を行動原則とすれば、役に立たない行動にもケロリと参加してしまう。

世間の基準に目が向いて、自分に合っているかどうかは構わずに、ただ流行っている仕事についてしまう。「こちらのほうが明るいから」

個性とは、自分らしさ、単純な好き嫌いで図れない自分だけにしか答えられないような自分の側面のことだと言える。「鵜《う》の真似《まね》をする烏《からす》」にならないよう「自分を知る」ことが大切なのだ。自分が本当に大切にしていること、自分が目指していることを知るのは重要なのだ。自分の価値観を知れば、自分が主張すべきこと、心から信じることを持つことができる。自分自身の個性をポジティブに捉え、それを武器にして自分らしい生き方のための一歩を踏み出す。個性、自分らしさを発揮できるかどうかが幸せな人生を送るための「鍵」を握っている。個性を生かすのも眠らせておくのもあなた自身である。

自分らしさを発揮できること自体が生涯のやりがいに繋がるように思われる。やりがいとは、自分は一体どういう人間なのかを真剣に考え、個性を引っ張り出し、自分をみずから演出して物事に挑戦していくことだ。自分が楽しく、嬉しくなること、自分のしたいことを見つけて、それに取り組むことだ。

自分の生涯の居場所を見付けて、人に役立つことをしよう。

「鵜の真似をする烏」にならないよう「自分を知る」ことが大切なのだ。

個性、自分らしさを発揮できるかどうかが幸せな人生を送るための「鍵」を握っている。個性を生かすのも眠らせておくのもあなた自身である。

調《ととの》った心を持つ

夏休みに、少年が祖母の家の庭で宿題をしていたところ、空から飛んできた鷹が庭にある大きな石に止まったのを見た。少年は思わず嬉しそうな顔をみせて祖母に話しかけた。

「いいなぁ、鷹には翼があって、どこへでも飛んでいけるんだ。僕にはないから車に乗せてもらわないとどこにも行けないし、今でも飛行機にさえ乗ったことがない」

祖母は庭の草刈りの手を止めて、孫のそばに来た。

「鷹と比べなくてもいいよ。頭を使えば坊《ぼう》やはどこへでも行けるんだよ」

驚いたように鷹が空へはばたいて飛んでいくのを見ると、少年は続けて言った。

「やはり鷹のほうがいい。好きな所へ行ける。僕は宿題をやらないといけないし、学校にはきまりが多くて、自由に遊べない」

祖母は少年の髪を優しげに撫《な》でながらこう言った。

「鷹は高く遠くへ飛んでいけるように見えるけど、雨でもどんな天気でも飛ばなくてはならないし、常に危険な動物を避けるように注意を払わなければならないのよ。坊やは今の楽しみを探したらいいいじゃない。宿題でもゲームでも、自分なりに楽しめば本当に自由自在になるはずだよ」

この物語は大切な心の持ち方について、いくつかのヒントを示してくれている。

多くの人は誰かと自分を比べがちなのだ。しかし、人と比べるのはけっして賢明な方法とはいえない。なぜなら、いかなる場合も、比較をすることは、大抵他人を祭り上げて、自分自身を否定する不愉快な気持ちに繋がりやすいから。すべての人間はそれぞれの資質、才能を持って生まれてきた。他の誰もあなたにはなれない。あなただけに与えられた存在価値があるはずだ。あなたの存在価値を過小評価してはならない。

人を羨ましく思ったとしても、「人は他人には見えないところで努力している」と理解して、他人の成功、繁栄を祝福してあげるべきなのだ。

今どき、大勢の人が今という一瞬が完璧だ、幸せだと思えない気持ちを抱いている。なぜかというと、人は心の中で完全さを求めているのに、今の自分は常に不完全に居据《いす》わっているからだ。完璧主義や完全主義を追求し、抜け出せない心の悩みに陥る。一生懸命努力しても完璧にいかないから、達成感や充実感を得られない。また、様々な精神的にマイナスなことが次々と襲来してきて、次第に完璧から遠ざかる。

うつ病などの悩みから抜け出せなくなる人は物事を完璧にいかせようとして、身動きが取れなくなり、自分を惨めに感じたりするハメになる。

完璧主義のかわりに楽観主義で人生を楽しもう。楽観主義は心身の健康を増進し、自分なりの良い人生を生きることに大きく貢献している。完全主義を放棄し、上を見ることから下を見るようになる「よりマシ主義」を取り入れて、やわらかな心になれる。

自分の期待を少し調整して、「最善を尽くす」程度を目処にしてみるのはもう一つの得策なのだ。百パーセントの成果を求めて頭を抱える日々を過ごすより、二十〜三十パーセントの成果でもいいから心が晴れた日々を送るほうがいい。

あなたが何か新しいことにチャレンジする時に、何らかの失敗を経験するかもしれないが、それは新しいことを習得してゆく過程の一部にすぎないのだ。完璧さを手放して、完璧ではない部分を今後の成長分にして、自分に言い聞かせるようにしよう。

世の中には完璧な人間など一人もいない。

たとえ「完璧」でないとしても、あなたのありのままでいることで、常に心に幸せ気分を感じるようになる。

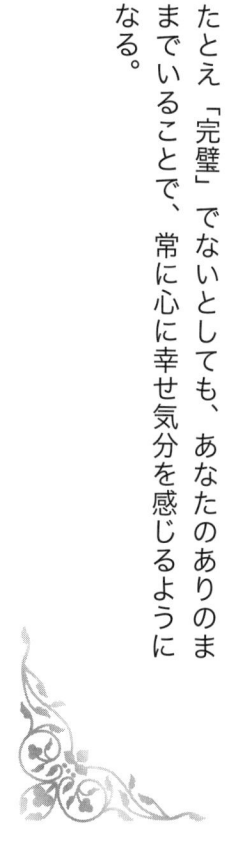

今を生きる

禅には「非風非幡」という話があるそうだ。ある日、二人の僧が旗が風に靡《なび》くのを見て言い合いを始めた。

一人の僧が先に言った。

「旗が動いた」

「いや、風が動いたのだ」

ともう一人の僧が言い、二人は言い争いを始めた。ちょうど通りかかった一人の坊さんが二人の議論を聞いた後、こう呟いた。

「風が動いたでもないし、旗が動いたでもない。お前さんたちの心が動いたのではないか」

この話は、「旗が動いたという問題が今日この場で生き抜くことと、どれほど関係があるのか。どうでも良いことに心を動かされているに過ぎないではないか」ということを教えてくれたのだ。

このような揺らぎ、とらわれの多い世の中で、いかに「心がココにあり」という今を生きるかが大切であり、仕事の成果にかかっているような鍵でもある。

世界の歴史には「今日」ほど偉大な日はない。「今日」という宝庫には過去各時代の文化、成果が宿っている。科学家、発明家、思想家、芸術家等が努力してきた成果を「今日」というところに捧げている。人類の進歩はすべて「今日」の努力から「明日」への保証に繋ぐプロセスの連続だ。

英語では「現在」と「贈り物」(present)が同じ言葉になっている。「現在」或いは「今日」という神様からの「贈り物」を大切に生きていかないのなら、人生をどのように歩んでいったらよいのだろうか。

「今」こそが、私達が全力で投資すべき「時間貯蓄」なのだ。「一年の価値」は試験に落ちた浪人の学生にとって、どんなに大事なものだろう。「一カ月の価値」は早産した母親にとって、どんなに必要なものだろう。「一週間の価値」は週刊誌の編集長にとって、どんなに重要なものだろう。「一分間の価値」はデートに待ちくたびれた恋人にとって、どんなにせつない刹那《せつな》なのだろう。「一秒間の価値」はスポーツメダリストにとって、どんなに決定的な瞬間なのだろう。

今を生きるとは、過去に対する後悔、未来に対する不安にとらわれることなく、今に集中する、今を楽しんで生きるという、生きる状態を指している。「風が動いた」とか「旗が動いた」とか、どうでもいいことにとらわれずに今に集中することをエンジョイすればいい。

時は人を待たず、一度きりの人生は瞬く間に過ぎてしまう。

「幾度《いくたび》もありがとうと声出して、言いだしと思い、今日も日暮れぬ」

今ココで一生懸命に生きぬく努力をすると同時に、ひたすら楽しむことも重要なことだ。

フランスの政治家、ナポレオン・ボナパルトが「今」の生き方についてこう綴った。

「人生という試合で最も重要なのは休憩時間の得点である」

つまり、「成功を追うだけの人生でなく、人生を楽しみたい、それには一つの只、今に集中する」。

「人生という試合」において、もう一つ大切なスキルがある。それはメリハリをつけることだ。集中すべきところで集中し、気を抜くところでリラックスする。「今を生きる」ことをうまくできる人は、自らの思考習慣を「プラス思考」にして、自分自身の土台となる心の状態を「ありがたい」気持ちにしようと心がける、ということを知っている。

「今を生きる」ことを上手に使いこなすには、大切な心構えが二つある。一つ目は、「先に延ばす」、「そのうちにしよう」という人間に本来ありがちな惰性と闘わなくてはならないことだ。

今を大切にするということは自分にとって一つの一番重要なことをするための時間を確保することだ。過ぎた昨日はどうにもならないが、無駄にしなかった今日は、必ず答えに繋がるはずだ。

二つ目は「時間管理をしっかりする」ことだ。

過去が咲いている「今」を認識し、未来の蕾でいっぱいの「今」を生きる。

「今」という瞬間を繋ぎあわせて作っていく未来なのだ。

「今を生きる」ことは「ココに集中する」という心の整えをしなければならないことだ。

それは「いつやるか」。「今でしょ」

第二章

逆境を乗り越える元気な力

希望を持つ

二〇一六年の十二月の新聞に、登山で行方不明になった人が十三日ぶりに無事に救出されたという記事が載っていた。

島根県の男性が趣味の登山で奈良県南部にある大峰山系の弥山《みせん》（一八九五メートル）へ一人で登った。だが、下山中に崖からころげ落ち、全身を打ち、あばら骨を砕いて複雑骨折をしてしまった。「絶対に生きて、また家族に会いたい」という強い希望を持っていた。彼は持参した水がなくなったため、大怪我を負った体で湧き水の流れるところまで動いた。ところが、このまま捜索のヘリの救助を待つだけでは助からないのではないかと感じた。日々を追うごとに妻や子供の顔が浮かんだ。「死ぬわけにはいかない」「絶対、生きて帰る」という一点の強い希望にすがっていた。

十日ほど過ぎて限界を感じ、「見つけてもらえるところまで行くしかない」と彼は急速に意識した。そして十三日ぶりに、とうとうほかの登山者に発見され、救助された。

「二週間遭難していた。大きな怪我をしたけれど、登山道がある約三百メートル上部まで二日かけて、崖の下から這い上がってきたよ」と彼は当時を振り返った。

希望は、絶対疑わない何よりも強い信念である。希望は生きる気力を持ち続ける、生死を分ける最強の心のエネルギーである。

希望があれば、どんなに絶望的に思える事態でも奮起し続ける力が生まれる。そして希望を持ち続ければ、どんな悪い状況も永遠に続くことはないという真理が分かるようになる。「小宇宙」の自分を信じて一歩一歩歩むならば、絶望がいつのまにか希望に変わる。

聖書には、このような教えがある。

「艱難《かんなん》は忍耐を生み出し、忍耐は練達《れんたつ》を生み出し、練達は希望を生み出す。そして希望は失望に終わることはない」

困難に打ちひしがれた時、病気に襲われた時、危険に遭遇した時、トラウマになりそうなことがあった時、一点の希望にすがるのだ！　そうすればきっと行動が従うから。希望があるだけ頑張って生きていけるから。

希望の心のともし火をつけて、持ち続けよう。希望を捨てない人にこそ道が切り開かれる。

希望を捨てない人にこそ
道が切り開かれる。

希望があれば、どんなに絶望的に思える事態でも奮起し続ける力が生まれる。

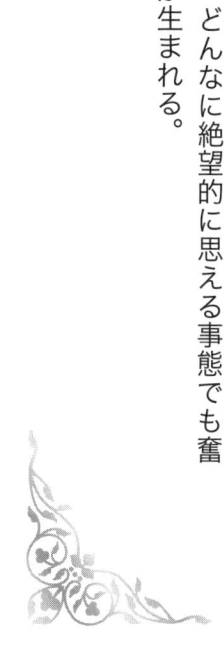

自信を取りもどす

苦境という暗黒の場所に燦々と輝く星を見つけて前進する人がいれば、真っ黒な泥水に意識をとられて、「なんで私がこんなところに落ち込んでいるのか」と自己非難の感情にとらわれる人がいる。

あらゆる自己非難、自己批判の感情にとらわれることは自信を失くす無益なことで、即刻にやめるべきなのだ。すべての自責感情は宇宙の活力の流れ込みを拒む萎縮的な感情なのだから。

あなたはどんな格好でも、どんな職業の仕事をされていても、価値ある尊い存在なのだ。何か仕事上での間違ったことをされても、人に尊重され、愛されるのだ。ラジオを聞く際、電波の音が雑音として耳に入ることはよくある。それと同じように、「仕事がのろい」「格好が悪い」「デブ」「要領が悪い」等々の非難、恥さらし、いじめの嵐に遭われることが、時にはあるかもしれない。あなたが自己否定に陥りそうな時に、ただちにラジオの電源を切って、すべての雑音干渉を断《た》ったほうがいい。つまり、そんな話には聞く耳を持たないのだ。

自己否定の感情を克服するために、あなたは胸に手を当てて自分の心音《しんおん》を聞きながら、「ありがとう」と自分に感謝することが有効な方法だ。スポーツのどの試合を見ても、国歌が流れている時、選手たちは右手を胸に当てている。それは心臓に手を持っていくことだけで人間は真摯な気持ちになれるものだから。あなたも自分の良いところを見つめるようにしよう。

自己否定の感情は心理的にも、医学的にもマイナスエネルギーを溜め込むことになる。最近、米国ペンシルベニア大学の研究チームの調査によって、自己否定の感情が「コルチゾール」というストレスホルモンを増加させて、体内の炎症やストレスの増大を引き起こすことが判明した。

例えば、太った人に「太っているのは恥」などと言って責めると、心臓発作などの悪影響を引き起こし、ダイエットをさせようとしても逆効果になりかねない。

「生命《いのち》に勝《まさ》る宝《たから》なし」。あなたの生命がどんなに大切なのか、今こそ悟ってほしいものだ。あなたの生命に大切な細胞が六〇兆個ある。その細胞の「核」である遺伝子は、約三〇億の化学文字で成り立っている。つまりあなたの体の遺伝子には千ページの本を三千冊積みあげたほどの遺伝情報量があるのだ。まさに遺伝学者、木村資生《もとお》博士が言った通りだ。

「生き物が生まれる確率というのは一億円の宝くじに百万回連続で当たるのと同じぐらい凄いことだ！」

自信とは、自分のありがたい存在を感謝することだ。自信とは、心の抑圧や憂うつによる障害などのすべてを自分自身で解決できるということを信じることだ。命の声に従っていれば、おのずと自分が生まれてきたことを感謝するようになり、遺伝子がオンになり、前向きな生き方に変わるのだ。

自信とは、どんな苦境に遭遇しても、自分で自分を見捨てないことだ。神が賜《たまわ》ったこの自分を自分が愛さないで、誰が愛するだろうか。多くの可能性が埋もれたこの自分を、より愛して生きようではないか。

アメリカ映画『風と共に去りぬ』の女性主人公が人生の様々な苦しみと闘う中、一握の土を掴んで、「明日があるんだ。明日考えよう」と叫んだ。あの感動的な映画のシーンを見て、自殺しようとする人達が思いとどまったという実話があった。

あなたは自分の中にある心の力、いわゆる神（宇宙の活力）の力に目覚めよう。自分自身を大好きになって生きよう。

「自分自身を信じてみるだけでいい。きっと、生きる道が見えてくる」というゲーテの詩を思い出して、上を向いて歩こう。

明日は明日の風が吹く。明日は明るい日と書く。

自信とは、自分のありがたい存在を感謝し、すべてを自分自身で解決できるということを信じることだ。

逆境を乗り越える

夏休みに、ある高校の女子サッカー部の学生達が公園のグラウンドへ練習に向かっている。色々な花が咲いている公園の景色を見ていた学生達にコーチが呼びかけた。

「あの赤い花が百日紅《ひゃくじつこう》だよ。秋口まで百日余りも咲きつづけるよ。あなた達も百日紅のように暑さに負けずに頑張ろうね」

なるほど、炎天下にもひるまず美しい風情を見せるその「百日紅」の姿は、いかなる逆境にも負けない凛《りん》とした精神力の表れだ。

私達は「思い通りにいかないこと」や絶望を感じるような逆境の時期に必ず遭遇する。困難、失敗、病気といった逆境に向き合う際、目の前の問題の解決を急ぐよりも、自分の心の態度を落胆、失望、意気消沈の曇りに沈み込ませないのがひとまず重要だ。

それを抱き続けることをしない限り、逆境にはいつか終わりが来るものなのだ。

「すべての逆境には、それと同等かそれ以上に大きな恩恵の種子が含まれている」

これが自己啓発の大家、ナポレオン・ヒルの言葉だ。「逆境こそ悟りのタネ」なのだ。逆境に打ち勝った時の達成感にひときわ深く味わえるはずだ。そこから人生のかけがえのない収穫を受けることができる。

逆境に立ち向かう心構えを楽しもうという気持ちを持つことも一つの考え方だ。人生にはこういう時もあると受けとめて、一時的な不運、挫折は階段の踊り場のようなものだと考えてもいい。人生に起きるあらゆることをすべて楽しもうという姿勢で対処できる人が本当に健康、幸福、長寿を手に入れられる人なのだ。

逆境を打開するには一つの秘訣がある。それはあたかもそれを克服したかのように颯爽として振る舞うのだ。そのうちに振る舞い通りになる。インコ等を飼育したことがある人はこのことをよく知っている。小鳥は少々の病気があっても元気そうに見せかけて生きる。ほかの動物の手に落ちないように元気そうに普段と変わらないように生きなければならないことを小動物である小鳥自身が知っているから。私達人間は小鳥のその精神から困難を乗り越えていく姿勢を学ぶべきではないか。

逆境にある中、楽しげに振る舞うことでそれに立ち向かうことによって、人間の奥にある「仏心」の力を発揮することができる。それは心理学的に言えば、行動における自己暗示法なのだ。例えば、楽しいから笑うのではなく、笑うから楽しくなる。そうすれば相乗効果で踏ん張りや、打開し続ける力が出てくる。

その相乗効果とは暗示力と信じる力とが建設的な形で合わさってパワフルな効果を出させることなのだ。

明鏡止水の心で、逆境を見つめ、何に取り組むべきか考え、解決法を探る必要も当然ある。

「やるしかない」逆境に追い込まれた状況があってこそ、「何が何でもこうしてみせる」という強烈な想いによって人間の潜在能力がフルに発揮される。

「天は自ら助くるものを助く」

至難の逆境に遭っても自らの強い意志をもって事に当たれば、おのずから解決の道が開けるのだ。

「逆境」という「人生大学」には誰も入りたくはない。しかし、そこから卒業した人達が全員強者になれるのだ！　「逆境」があってこそ、「逆境のかたち」で人生の勝利を得ることができるのだ。

逆境のむこうには必ず幸運がある。

逆境を打開するためには、あたかもそれを克服したかのように颯爽として振る舞うのだ。

病気の意味を考える

病気にかかることがあれば、人間は健康を強く願うようになるはずだ。肉体的に、精神的に平常時の健康のありがたさを新たに思い知らされるはずだ。

どんな病気にかかったとしても、最も重要なことは、病気とは、体がただ一時的なトラブルの状態にあるという認識を持つことなのだ。どんな病気でも治るのだ。治らないと言われる診断はあるけれど、この世に治らない病気はないという強い信念を持たなければならない。

病気にかかるということは、健康の価値を再認識するための「授業料」を払っていることなのだ。人間は健康でバリバリ活動する時よりも、体の不調や病で活動できなくなった時に深く反省し、思索するから。「生きとし生けるものすべてに仏性がある」というお釈迦様の言葉のように、その「仏性」に近くなる。

人は病気や体に不調がある時にこそ、いままでの傲慢な鼻をへし折られ、心の態度、怒り、憎み、ねたみ等のマイナスの感情や、不摂生な生活習慣等の原因に気付かされることになる。「神仏や天を知ることにあり」という人生の最大の幸せを悟り、「心を磨くチャレンジ」という人生の最大の糧も収穫することができる。

ノーベル文学賞受賞者であり、二十世紀の偉大な作家、ロマン・ロランがこう言っている。

「病気はためになることが多い。肉体を痛めつけることによって魂を解放し、浄める。一度も病気をしたことのない者は、十分に自己を知っているとはいえない」

病気の意味は「いままで気付かなかったことを発見してよかった」という前向きな気持ちになることにある。その気持ちにこそ新しい命が吹き込まれたような意義が秘められている。

病気を治療する際、ひとまず「必ず治る」という疑わない心が何より必要なのだ。病気への不安、恐怖、すべての否定的な感情が治療するうえで障害になることを知らなくてはならない。それらを追い払い、平穏な心を取りもどし、心の中にある霊的な力を一心に高めることが大切なのだ。神の無限の治癒力（宇宙の活力）は必ず完治させることができるのだ。

病気を治すために、西洋医療、東洋医療を積極的に利用することも当然、必要だ。自然治癒力をフルに発揮し、多様な医療方法、民間薬、漢方薬を用いて治療していけば、必ず治る。

「治る時が来れば治る」というゆったりとした気持ちが一種の養生になるかもしれない。

「希望」はどんな病気にも効く特効薬なのだ。「奇跡のお茶」の開発者ジェイソン・ウィンターズ氏は末期がんに襲われ、医者たちに匙を投げられても彼は希望を捨てず、様々なハーブのリサーチに没頭した。みずから足を運んで発見した三つの大陸のハーブで作りあげた「奇跡のお茶」の薬用効果と、心の力を引き出し、「不治の病」から生還した。彼の自叙伝 *The Sir Jason Winters Story* は十八カ国語以上に翻訳され、世界的に知られている。

「笑い」は人間の自然治癒力を高める絶大な武器だ。笑いは免疫力を司《つかさど》るインターロイキン（蛋白質の一種）を大いに分泌させることができる。

一九七〇年代にアメリカの文学者ノーマン・カズンズ氏が退行性のコラーゲンの難病（膠原病）にかかってしまった。ほとんどの医師に見放された彼は、すべての薬をやめて、笑いとビタミンCだけを試していくことにした。そして「奇跡」がその後の彼の絶えることのない笑い声の中に訪れた。有名なアメリカの医学会の雑誌に彼の難病克服記事が掲載された後、十四社の出版社によって彼の物語に対する本の版権が争われた。彼はこう語った。

「病気は笑いごとではありませんが、笑いごとであるべきなのです」

最近、進んできた遺伝子工学から、このような奇跡は解釈できるようになった。遺伝子研究の世界的権威である筑波大学名誉教授、村上和雄氏は、こう指摘している。

「奇跡としか思えないような幸運は心の働きが遺伝子に影響を与え、それが酵素の働きを活性化させた結果と考えられるのです」

「奇跡」は「小宇宙の私が必ず治る」と信じきったから起こったのである。

「天恩に感謝し、病に侵された器官を祝福しなさい。そうすれば、あなたの人生に驚くべき奇跡が起こることだろう」（ジョセフ・マーフィー博士の名言）

聖書はこう人生の指南を与えてくれている。

「……叩けよ、そうすれば汝《なんじ》に開かれるであろう」

「必ず治る」という疑わない心が病気に対する何よりも強い治癒力なのだ。

「希望」はどんな病気にも効く特効薬であり、「笑い」は人間の免疫力を高める絶大な武器である。

ネガティブな思考を撃退する

お釈迦様が弟子達に人生の悟りを教える時のエピソードだ。お釈迦様は二本の矢を持って弟子達に質問した。

「仏教の教えを受けている人と受けていない人では苦しい時の対応が違うことが分かるかい」

困った顔をした弟子達を見て、お釈迦様は手にした矢を挙げて、その続きを説明した。

「苦しい事を一本目の矢に例えるなら、教えを受けていない人はそれを苦しい心に抱くことにより、ますます苦しくなる。それは二本目の矢に射られたようなものだよ。しかし、教えを受けている人は絶対にネガティブな思考の状態に陥ることなく、二本目の矢に射られるのを完全に防げられるようになるよ」

ネガティブな思考は私達現代人が、日常生活をデジタルに処理する左脳に頼りすぎた結果生まれた自然な産物だと言える。

ネガティブな思考は、私達が自分の人生の経験から自然に身に付けた思考パターンである「想像性防衛本能」から出来ている。それは何かに対して、最初に悪いことから考えてしまうという想像癖だ。例えば、絶対受かると思っていた試験に落ちてしまったり、好きな人にフラれたり、事業で失敗に追いやられたりした時の傷ついた記憶は誰にもあるかもしれない。私達がそういった失敗の体験を繰り返すたびに、その記憶と感情が合わさってネガティブな思考パターンを作ってしまう。

人間が自然にネガティブな思考を扱う左脳を使うのはごく普通のことだ。ポジティブな思考、イメージ力に優れる右脳に切り替えるのは意識的な努力をしないと、なかなか切り替えられない。その切り替えるコツは人間の思考の仕組みを理解し、「二本目の矢」に射られないように目の前の不本意なことを受けとめることにある。「いま自分が持っているものを数えてもまだ恵まれている」と考え直す。そうすれば落ち込みそうな心から素早く立ち直ることができる。

いかなる不本意な状況においても、自己批判は、まずしてはいけないということを肝に銘じる必要がある。それは自分の心の力を弱めて活力とやる気を奪ってしまう感情だから。ひたすら反省することも自責感情に繋がりやすいことであり、その場から何かの教訓を探って、それに気付いている程度に留めるべきである。

ネガティブな思考は、心身の健康問題を伴いストレスの負のスパイラルに陥らせることがよくある。「マイナス思考はマイナスを引き寄せる」という牽引の法則があるから、ネガティブな思考により病気を司る遺伝子が働き出し、人間の生命力を破壊しようとする。気持ちがいつも萎えている状態では疲れやすく、体の細胞の老化が早まり、うつ病等の精神疾患になりやすいわけである。

現代病のトップに挙げられるがんは、その発症率がネガティブな思考により増大することが大きな原因だと言っても過言ではない。

がん発生の仕組みは、医学的にはこう説明できる。ストレスを受けた時にネガティブな思考によって、脳内から有毒のホルモンであるノルアドレナリン、アドレナリンが分泌され、体の血管に悪影響を与え、血流が悪くなり、虚血の状態になる。それと同時に活性酸素が発生する。体内の水分と塩分が結合し、サラシ粉、モノクロラミン（発がん物質）を作り出すことが、がん発生に繋がるプロセスであると判明している。

哲学者ミシェル・ド・モンテーニュはこう語っている。

「人間はその身に降りかかることよりも、それをどう受け止めるかによって傷つくことが多い」

「二本目の矢」に射られないためにはネガティブな思考を徹底的に撃退しなければならない。ネガティブな思考のために動揺し、打ちのめされていると感じるならば、何回も深呼吸をしたり、楽しいことを瞑想したり、音楽を聞いたりすることを続ける。それは五官を刺激し、右脳にパワーを与えることで、おのずとポジティブな思考が生まれてくる。

実際、ポジティブな思考を意識的に持ち続ける人ほど健康、成功、繁栄、長寿の人生の好運に恵まれている。ポジティブな思考の人はネガティブな思考の人より病気に対する免疫力が強く、健康状態でいられる。

心のストレス調査実験がこのように行われたことがある。

一九九五年一月に発生した歴史的な阪神・淡路大震災による心のストレス調査では、被災者を三つのグループに分けた。A組は、いまだに悲しい気持ちで生きていると感じる人達である（ネガティブな思考）。B組は、辛い経験でストレスを受けたのは事実だが生き残ったことだけでもありがたいと認識している人達である（ポジティブな思考）。C組は、どちらにも当てはまらないと感じている人達である（中間思考）。それらの三組の全員から血液を採取し、免疫力の調査を進めた。その結果、愕然とするような結果が現れた。その三組の人達の血液の中にがん細胞を入れて、体の自らの免疫機能によってがん細胞がどの程度消滅するかを観察したところ、B組のポジティブな思考の人達は、A組のネガティブな思考の人達とC組の中間思考の人達よりも、がん細胞の消滅率が倍に高かった。

これはポジティブな思考が、いかに心と体の良いことに関わっているかを物語っているのだ。「神を待つ者は、力を新たにする。彼らは鷲《わし》のように、翼をもって飛び上がる。彼らは走っても疲れず、歩いても倒れることがない」

このような聖書の一節では、この「神を待つ」ということはあなたの心の働きを穏やかにし、神（宇宙の活力）の愛に満ちるポジティブな思考にすることを意味する。

何事も悪い方に捉えてしまう「ネガティブな思考」を前向きに捉える「ポジティブな思考」に切り替えよう。

それは私達の人生において、最も有益なスキルなのだ。

「ポジティブな思考」を心の種として心の庭を耕《たがや》そう。

人生を幸せにする力、体の免疫力がすべて心のあり方にかかっている。

試練に打ち勝つ

北国に生きていたカモは冬になると南国へ旅立つ準備をする。しかし、北国の住民達がカモを可愛がって食物をたくさんあげていたので、エサの心配のないカモは南国へはばたく必要がなくなった。そのため、カモは翼が退化してしまった。しかしその後人間に食物の提供を止められてしまったので、カモは、生存の危機に追いやられてしまった。

この教訓は、私達人間にもあてはまる。人生には必ず試練が伴うものだが、もし試練に打ち勝たなければ、私達は本来の強さを発揮することができなくなる。人生を切り開くには、苦戦が成長する機会であり、試練が魂を鍛えるチャンスであると認識すべきだ。

ほんの少しの努力で達成してきたことばかりをしていると、人間は今以上に成長することはない。心地良いところばかりに居ると、人間は今のままよりも後退してしまう。魂は横たわり、眠りこけ、怠惰になってしまう。カモの試練が翼に強さを与えるのと同様に、人間の試練も強さを獲得するために必要なことだ。

困難や苦戦に奮いたてば、翼を磨くありがたい機会を得たことになる。その翼をもって大空へ飛び立てば、思う存分に南国にでもどこにでも飛び立つことができる。

そういう時にアメリカの思想家ラルフ・ウォルド・エマソンの言葉を思い出そう。

「こづかれ、責められ、打ち負かされ、苦しめられている時には、人は何かを学ぶ機会を与えられている」

背水の陣に直面した時、あなたは前進し続けなければならない。そうすることによってはじめて、試練を乗り越えて飛躍する能力を発揮することができる。

成長するために、あなたは自分が慣れ親しんできたものを手放し、快適な空間から飛び出し、未知のことを追い求める勇気がいる。すでに習得したものを超えることに挑むことにより、あなたは成長し続けることができる。

どのような試練に直面しても、あなたは「よし、これでもっと成長できる」と自分に言い聞かせながら、踏ん張る姿勢で努力すれば、どのようなピンチをもチャンスにしてジャンプし、成長することができるようになる。

試練は人間の本来の強さを発揮させるためにある。

苦戦は成長する機会であり、試練は魂を鍛えるチャンスである。

心のデトックスを遂行する

現代人は健康のための「体のデトックス」を求めている。健康食品、漢方薬等で体の中の老《ろう》廃物《はいぶつ》を体外へ排出させたり、ヒーリングミュージックを聴いたり、ハーブなどの香りでアロマテラピーをする健康志向のものが注目を浴びている。しかし、真の健康への切り札は心のデトックスを遂行することにある。

不安定な心、マイナス感情を持ちながら人生を歩むことは、車のブレーキを踏みながらアクセルを踏んで道を運転するのと同じようなことである。それでは前進するどころか、危険な状態にいると言わざるを得ない。

心のデトックスとは恨み、怒り、嫉妬、ねたみ、不平不満、心配、不安、後悔等のマイナス感情を一切手放し、水に流すことにより、「透明な心に戻す」ことなのだ。

恨み、憎しみは心の毒になる一番破壊的な感情だ。不条理な仕打ち、恐ろしい事件の生々しさは忘れられがたいが、加害者は精神的な欠陥者で、かわいそうなヤツだと角度をずらして考えれば、恨み、憎しみの感情は捨てられるかもしれない。

「復讐の実行を計画しているならば、墓穴は一つではなく二つ掘っておいたほうがいい」という中国の諺があるように「恨みを持って恨みに報いれば永遠に恨み尽きることなし」。

カニとりの経験のある漁夫が面白いことを言っている。捕った二匹のカニをかごに入れる場合、ふたをしなくても持って帰れる。それは一匹のカニがかごの外へ動き出すと、その足をもう一匹のカニが引っ張り、そのあげく二匹とも逃げられなくて、結局かごの底に安心げにいることになるからである。

その一匹のカニは恨み、憎しみの感情だ。もう一匹のカニはそういう感情を持っている自分自身のことだ。それでは苦しむのは自分自身なのだ。

ベートーヴェンがこう言っている。

「憎しみは、その心を抱くものの上に返ってくる」

「許さないという感情は最も多くの病気を生み出す要因の一つである」と心身医療の専門家たちが指摘している。

嫉妬、ねたみは限界のある否定的な感情だ。嫉妬の心は、そもそも人間の本性の一つだ。人間の脳の前頭帯状回（感情形成、感情による記憶に関連する部位）が痛みを感じとることによって対象を回避しようとする機能的、原始的感情である。

嫉妬の感情を持って願望実現へと前進するということは、行きたいところから遠ざかっていくということである。ちょうど自分が漕いでいるボートが水中の石に穴を開けられたときのように、目的地に辿り着くことができなくなる。そのような自信のない心はますます貧しくなり、狭くなるのだ。

不平不満は九割の人をマイナスの考え方に傾ける感情の表れだ。人間というものは満ち足りていることに充分満悦していて、少しだけしか不満がない時でさえ、まずその不満を一番最初に口から出し、文句を言い続けるものだ。それはウサ晴らしにならないどころか、まるで湿症のある体を掻けば掻くほど痒くなるように、一層事態を悪くするものだ。

後悔は人間の心の力を弱め、消耗していく負のエネルギーである。「過ぎたことに心を煩《わずら》わせるな」というフランスの政治家ナポレオン・ボナパルトの名言の通りだ。後悔したことが分かった時点で、しなかったことを始めればいい、間違ったことを直せばいい。

テレビの健康番組で悩みの解消法を紹介していたことがある。怒り、嫉妬、不満などのマイナス感情のものを紙に書いて、その紙をスリッパで叩いてから火で燃やすという商売が香港で流行っている。それはストレス発散法で、心身に危害を与えない方法の一つになるかもしれない。

人間の心は放っておけば揺らぎ、とらわれの状態になりやすいと言われている。それは、ぼーっとしていると、心は自然と悪い事のほうを考えてしまいやすいからである。「なんとなくうっとおしい気分だ」「一人でいるのが嫌だな」そんな気分になると、色々なことが不安になり、考える必要もないことまで考え始め、ぼんやりとした不安が不安を呼び、止まらなくなってしまうことすらある。

世の中の不安事の九割以上は実際には発生しないという科学のデータがある。不安は根拠のないものなので、まったく心配無用なものである。

心が曇りがちになることはいつでも起きることだが、それがどんな些細なことであっても、ちりも積もれば山となるのごとく、気が付いた時には重荷になっているのである。それらのマイナスの心の不純物をきれいにデトックスしておかないと、プラス思考の心に切り替えるのは難しい。

人間の心の感情に関して、アメリカの科学者エルマー・ゲイツ医学博士がこんな実験を行ったそうだ。怒っている人の吐く息を集めて、小動物のモルモットに注射したら、数分後にすべてのモルモットが死んでしまった。嫉妬している人がストローで金魚鉢に息を吹き込むと、金魚が死んでしまった。

怒り、恨み、嫉妬等のマイナス感情は人間自身を自滅に導くものだ。それは、そのような時、人間は蛇毒に匹敵するホルモンである「ノルアドレナリン」「アドレナリン」を分泌させてしまうからだ。

誰もが緊張したり、怒ったりした時に、体がどのように反応するかをよく知っているはずだ。わなわな震えたり、頭に血が上ったり、目が血走《ちばし》ったりする反応は、体に悪影響を起こした顕著な証しなのである。怒る人は怒られる人よりしんどいのは、そういうわけである。

英語では怒り「anger」と危険「danger」を一文字の「d」の違いで表しているが、この

「d」の意味は日々の「day」を指していて、日々怒ることにより体の病にかかる危険にさらされることとなるのに由来しているのではないか。

人間の心はその人の肉体を支配しているから、その心の表現である感情によって内臓の働きが左右される。イライラ（怒り）は肝・胆を、クヨクヨ（憂思、悩み）は消化器を、シクシク（悲傷、悲観）は呼吸器を、ビクビク（不安感）は腎臓を害《そこな》うことは東洋医学上、立証されている。

活性酸素が様々な病気の原因だと言われているが、活性酸素が生じる一番の原因はストレスだ。そういうマイナス感情に浸っていることから「コルチゾール」というストレスホルモン（ステロイドホルモンとも呼ばれる）が分泌される。これは人間の脳の海馬という記憶部位の働きを萎縮させてしまうので、現代社会で恐れられている認知症を招きかねない。

精神身体医学の専門医達は人間の心と体が一体であるから、肉体的疾病《しっぺい》に潜んだ根本的原因が、心の深層からの混乱、恨み、怒り、不安等にあるのに言及《げんきゅう》している。

例えば、糖尿病や関節炎や他にも色々な心身相関的な病気の原因は心配、イライラ、怒り等の精神的不摂生を続けていたと、ストレスの研究で有名になった、カナダの生理学者ハンス・セリエ博士は明確に語っている。

病気とは、気を病むから病状が現れることを指している。

「怒りは万病のもと」は三千年前の医書においても認識されていたことだが、「ストレスこそ万病のもと」のほうが現代社会には最適な認識なのである。

私達は心のデトックスを通して心のマイナス感情をすべて取り除き、人間本来の免疫力を高めるべきだ。人間の本質は肉体よりも心であることを悟るのに限らず、大自然生命体の細胞として、大自然からしっかり守られていることを悟り、感謝する心を持って生きるべきである。

「幸福とは静かな心の収穫である」

（ジョセフ・マーフィー博士の名言）

目を曇らせずに、心に毒を持たずに、心と体の調和を目指していこう。

第三章

人間関係を育てる思いやりの力

思いやりの心を持つ

自然界にはほかの鳥達を助ける「森の大工」と呼ばれる「キツツキ」という親切な鳥がいる。

キツツキは産卵と子育てのために巣穴を作る際、適当な太さの木を見つけて、くちばしを幹にコンコンと叩きつけて、少しずつ穴を広げていき、巣窟を作る。翌年の春にヤマガラなどの小鳥がキツツキの作った巣を発見して、コケや木の皮を敷き、産卵と子育てを行う。次はヤマネがコケを運び込んで子育てや冬眠に充てる。内部が朽ちて少し広くなると今度は南から渡ってきたコノハズクがヒナを育てる場所になる。洞がもう少し大きくなれば今度はムササビの棲み処になる。

途中で木がぼろぼろになって倒れた場合などはキツツキ達が再び新しく育った樹木を探し出して、鳥達の「棲み処」を作っていく。

キツツキが残した樹洞は知らず知らずのうちに色々な生き物の「棲み処」として役に立っている。自然界の生き物は思いやりの心で助け合いながら暮らしている。

私達人間がそれらの動物から「互助《ごじょ》の精神」を学んで、他人と思いやりの心で助け合えば、この宇宙に流れる真・善・美のエネルギーがもっと多くなるのではないか。この地球はもっと住みやすくなるのではないか。

思いやりの心を持つということは、周りの人に優しさ、幸せ、親切のおすそわけをすることである。人の役に立ちたいという気持ちで、言葉、笑顔、時間、愛情、アイデア、金銭等の寄付を提供することである。

ゲーテがこう述べている。

「喜んで行い、そして行ったことを喜べる人は幸福である」

誰かを助けることによって得られる幸福感ほど素晴らしいものはない。それは他人に尽くして喜びを与えた量に比例して、自分にも喜びがはね返ってくることになるから。

実際に、誰もが人を助けた時に、自分がどのように感じたか、その幸福感は覚えているはずだ。その上に、このような科学の研究の結果に裏打ちされている。

「人に優しく親切にすれば強くて健康な身体になれる」

私達人間の心の奥には「仏性の心」があると言われている。しかし、それを表面に浮上させるのは簡単なことではない。白隠禅師の解釈で言えば、「仏と私達は異なる存在ではない。私達は氷のように固く閉ざされた心を持っているが、その氷が溶けて水になれば融通無碍《むげ》に動く仏になれるのである」。

普段の私達の心に「仏性の心」を浮上させるために、固い心や自分だけの利害損得にこだわる心、利己心を溶かすことに努めなくてはならない。

「こうしてくれたら嬉しい」心遣いで人にしてあげる。

世のため、人のため、何か役に立つことをする。親切な態度と優しい眼差し（信頼と愛情のホルモン「オキシトシン」を分泌させる働きがある）、爽快な笑顔で対応する。困った人に手を差し伸べる。それは精神をチャージして豊かな心を獲得できる確実な方法なのである。実際に自分の親切、思いやり、能力を心から人に与えることが自分の心を手っ取り早くワクワクさせるコツでもある。

誰もが憧れるお日様が、すべての植物に光を与える使命をまっとうしているかのごとく、私達も世の中に尽くすことによって自分も生かされているという精神を少しでも多く学ぼう。

誰かを助けることによって得られる幸福感ほど素晴らしいものはない。

思いやりの心で助け合い、キラキラと生命を輝かせて生きよう。

人格を高める

　ある団地に住む、学年が一つずつ違う三人組の仲良しの女の子が同じ大学に通っている。春休みに三人で旅に出かけた。山から下りる途中に二年生の女の子が滑りかけて危なくなったところ、三年生の女の子に引っ張られ、助かった。彼女は近くにある石に「命を助けてもらってありがとう」と書いた。

　次に、三人はビーチに来ていた。些細なことで喧嘩になり、二年生の女の子が三年生の女の子に顔をビンタされた。彼女は、ビーチの砂の上にこう書いた。「喧嘩になってビンタされた」

　後日、三人は団地の芝生でおしゃべりに集まった。一年生の女の子がビーチでのことを不思議に思って、二年生の女の子に聞いた。

「なんで助けられたことを石の上に書き込んで、ビンタされたことを砂の上に書いたの？」

　彼女はこう答えた。

「助けてもらった恩は一生忘れはしないけど、つまらないことは砂と共に海水に流されるようにさっぱり忘れたいからよ」

　世の中に、受けた恩でもけろりと忘れてしまう一方で、された理不尽な仕打ちはどんなに日々が経っても忘れはしない人がいる。ところで、人から受けた恩を本当に感謝し、意地悪をされた人に対しては恨みを忘れて許してあげる人達こそが、高い人格を持っていると誰からも評価される。そういう人達が人生の雲の上に出ているステージが高い人達である。

人生の雲の上に出ている人とは、雷も雨もない、どこまでも続く青い空のような境界に入っている人のことである。

そういう人達は何事にも心がとらわれることなく、感謝の心、寛大な心の持ち主である。

感謝の心とはどんなものか。人からの好意等を感謝するのは当然なことだが、天地自然の恵みや人々の支援を感謝して、平和な日々をありがたい気持ちで送ることが本当の感謝の心の真《しん》髄《ずい》なのではないか。

「感謝に満ちた心は神に近い」

感謝の心があれば思いやりの心、慈悲の心が生まれる。感謝の心があれば謙虚な心、素直な心になれる。

寛大な心があれば平安な心、自由の心が生まれる。

高い人格の持ち主は感謝の心を大事にして、すべてのものを優しく大きく受け入れることができる。他者を許せることが自分を許せることだと本当に理解した時、人間は想定外の大きな平安が与えられることが分かる。心の中の葛藤が解けた時、「仏性の心」が見えてくることが分かる。人間がどれほど他者を許したかで驚くべき新世界が開け、またその人間の価値が分かる。

　作家ロマン・ロランはこう述べている。

「思想あるいは力によって勝った人々を私は英雄とは呼ばない。心に拠って偉大であった人々だけを、私は英雄と呼ぶのである」

　感謝の心、寛大な心の持ち主こそを心の勝者、心の英雄と呼ぶのではないか。

　私達が、もしもそのような高い人格を目指し、日々少しずつ努力すれば、この世界はなんと美しくなるだろう。そうすれば、きっと心豊かな人生、幸せな人生が私達を心待ちにしてくれるようになる。

高い人格の持ち主は
感謝の心を大事にして、
すべてのものを優しく大きく
受け入れることができる。

人にされたことは忘れて、気にしない。人にしてもらったことは忘れないで感謝しよう。

誠実な心を育てる

紀元前約二六〇〇年に起きたことを語った、エジプトでの有名な実話がある。

王子様が王位を継承する儀式のため、将来の王妃の募集が行われた。智者の提案で、王子様はその土地に住む全ての若い女性を皇室に招いて、一人ずつに一個の植物の種を配った。それは、半年後に一番綺麗な花を咲かせた女性が選ばれるという競争であった。

参加した一人の侍女の娘は喜んで持って帰った種を良い土の鉢に入れた。三カ月が過ぎた頃、いくら思いを込めて水を注いでも、鉢には何も出てこなかった。彼女は経験ある農夫から聞いた育て方で栽培し続けたのだが、一向に何も出てこなかったので、すっかり気がふさいでしまった。彼女は母に言った。

「一生懸命育てたけど、残念ながら、夢は遠退《とおの》いてしまった。王子様の顔を一目だけ見て満足して帰ってくるわ」

半年後、約束した日が来た。色々な綺麗な花を咲かせた鉢を持って、豪華な衣装を着た貴婦人の御嬢様達が続々と皇室に入ってきた。参加者全員が揃ったのを見た王子様はこう伝えた。

「もう決まった。あの何も出ていない鉢を持った女性だよ」

驚いた女性達を眺めた後、王子様は話を続けた。

「僕が渡した種は全部煮てある種なので、何も出てこなくて当然だよ。誠実な心で育てた彼女の心の花こそが本当の綺麗さだ」

この王子様と王妃様の継承した国は長く繁栄した。

「誠実さ」とは、一言で表せば「人として正しい」ことである。

誠実さは人間の品格として一つの要素なのである。幸せな人生を生きるために他人に悪意のある嘘をつかないことは、言うまでもないことである。打算で人付き合いをしたり、他人を操ろうとしたりすること等をまったく心で計算しない人こそが信頼される。誠実な人は駆け引きしない、良い人間関係を作れる。そういう人間関係のほうが心から信頼できる人達に囲まれ、安心して暮らすことができる。

誠実な人は全ての人のことを大切な仲間と認識し、全ての人を大切にする意識を持っている。いかなる状態でも道徳的に正しいことをする。

周囲の人々に好かれ、信頼される誠実な人は常に「心ココにある」人である。そのような人こそが一緒にいる相手のことを熱心に心で聞いてあげ、相手の人にリラックスするような気分を与える。

普段、私達が誰かと話している時に、「ちゃんと話を聞いているかい」と言いたくなることはないだろうか。表面上は目を見て話を聞いているようでも、意識はほかの場所に向いている。

目の前で人が話しているのに、その態度は誠実さに欠けていることそのものである。

良い人生航路は知性だけによるものではない。それは品格的な資質に左右される。他人に誠実で正しいことをしてもらいたければ、あなた自身が、他人にそれと同様なことをしなくてはならないのである。

哲学者ソクラテスは、こう言っている。

「人間の美徳はすべてその実践と経験によっておのずと増え、強まるのである」

誠実な人は周囲の人々に信頼される。

心に誠実な種を植えれば、誠実な花を咲かせ、周囲に信頼の香りを与えることになる。

良い言葉を使う

昔、ある村に、迷子になった少年を救ったことのある一人の農夫がいた。ある日、農夫は、その少年にばったりと会った。

「この前は、助けてくれてありがとうございます。今晩招待してごちそうをしたいので、僕のところに泊まってください」という少年の言葉に甘え、少年の家に泊まった。翌朝、農夫が、

「昨日はごちそうさまでした。けれど、君のところは臭くてよく寝られなかったな」

と言った。少年が、

「償いとして、僕をビンタしてもいいですよ」

と答えた。農夫は少年の言った通りのことをし、帰って行った。

数年後、農夫は、またその少年と再会した。

「ビンタした時、痛かったのではないか」

と聞いた。

「ビンタの痛みは、あの時だけでしたが、言われた言葉のほうはいまでも心が痛いですよ」

と少年が返事をした。

言葉は人を照らす光にもなれば、人を殺す力にもなるのだ。

私達は毎日、多くの言葉を耳にしている。自分に向けられた言葉でも他人に発せられた言葉でも常に良い言葉、積極的な言葉、肯定的な言葉を使う必要がある。人生の王道をうまく歩んでいる人達は言葉の重要性を熟知《じゅくち》している。

私達の心の深層に潜んでいる心の力、いわゆる潜在意識には、テープレコーダーの機能が付いている。自分が取っている行動や耳から入ってきた言葉は、無意識ではあるものの、自分に言い聞かせている魔法の言葉でもあるのだ。

心の力を引き出すことはプラス思考によるプラス言葉を使うことにほかならない。人間が行動したことのように、耳にしたことのように物事は進んで行ってしまうからだ。

言葉は私達の思考の表れであり、人生の第一の武器でもある。

言葉は行動の導火線のようなものだ。マイナスな言葉を口にすれば意欲がなくなり、消極的な行動しかできなくなる。しかしながら、プラスの言葉を喋れば、気持ちが高まり、積極的な行動ができるようになる。

物事を肯定的な言葉で表現することによって、心理的にプラスで良いイメージが強化される働きがあるから、いつも明るい気持ちを持つことができる。言葉のかけ方、使い方次第で自分をも人をも明るくすることができる。

人間というものは積極的な言霊《ことだま》を使うためだけに生きている精神的な生き物だといわれてい

る。人間関係もお互いを勇気づける言葉によって良い状態を保つことができる。

言葉には、潜在意識への刻印力《こくいんりょく》、物事の成敗《せいばい》に関する暗示力が秘められている。

「言葉は人類によって使われる最も強力な薬品である」という言葉が示しているように、言葉の役割の重要性を覚えようではないか。

言葉は私達の思考の表れであり、人生の第一の武器でもある。

常に言葉に対する姿勢を自分に問うていよう。肯定的な言葉の「爆使い」に努めよう。

しなやかな心を持つ

海の近くに母子家庭の親子が住んでいる。ある日、少年が学校から帰って、母親に対して機嫌悪そうに言った。

「小さいとクラスメートに言われて、僕は腹が立ったよ」

母親は少年と手を繋ぎながら、片手に洗面器を持ってビーチに来ていた。

「坊やは心が大きいかい？」

と聞いて、海水をいっぱいに入れた洗面器に小石を投げ入れた。すると、たくさんの水が溢れ出てきた。次に、大きな石を海へ投げ込んだ。しかし、ほんの少しの波紋が見られただけで海は、静けさそのものだった。

「坊や、お前の心に人が小さな石を投げただけなのに、なぜ洗面器のようにたくさんの水が出てくるのかい？」

母親が問いかけてきた質問は、私達の心にも響いてくるようだ。

私達は悠々とした竹のようにしなやかな心を持って生きるべきではないか。

風が吹いている。竹の枝は風に揺れていたが、風が止むが早いか、まっすぐに立った。まるで風すら来なかったかのように、しなやかに生きる。

空を雲が流れている。清らかな川の上には雲の影が映っていたが、雲がなくなるが早いか、その川は綺麗になった。かつてあった雲の跡すら何も残らない清らかな川に戻る。しなやかな心とは、悠々とした竹のように、風が吹いた後に心に何も残らないことだ。しなやかな心とは、清らかな川のように、雲がなくなった後に心に何も映らないことだ。あなたの静かな心に誰かに小石を投げ入れられたことがあるかもしれない。投げられた石の意味とは、自分の心の容量が洗面器のようなものなのか、それとも海のようなものなのかが量られていることなのである。

あなたがいわれのないことに遭っても、自信等を失う必要はない。あなたがそれに同意する感情を心に入れない限り、あなた自身には何も影響を与えないはずである。それに、それが正しい指摘にあたる場合、それに気付かせてくれた機会として受けとめて感謝すべきである。しなやかな心とは傷つけた人を寛大な心で許してあげることでもある。いつだって自分も人に許してもらう時があるかもしれない。人を喜んで許すことによって、自分の心のシコリのようなものが取れて、自由な感情を手に入れられるようになる。

人を許すのが上手になるのに良い方法が一つある。それは真っ先に不愉快なことや、傷付けられた言葉等より、時間を少し置いてほかのことに注意を向けることだ。

英語で許し（forgive）は「かわりに与える」という意味を指す。自分の心にほかの良い課題を与えることで、楽に人を許せるようになる。許しとはそれを浮かべる時、プレーンな気持ちになれたことだ。「忘れる技術」を生かし、楽に日々を送れることでもある。

言ってみれば、平和な心、悠々自適の生活、輝くような健康な体が、しなやかな心の持ち主にはやってくるのである。

しなやかな心を持つ人は常にさわやかな気持ちの中にいられる。

しなやかな心とは悠々とした竹のように柔軟に受け流し、対応することである。

誠心誠意で対応する

　唐の時代、玄奘三蔵が仏教典を取りに行くため都の長安から出発した。行く途中、各国の王様から「仏法を説いてください」と言われ、滞在を要請された。玄奘は各国の要望に応え、目の前の人達に対して、一人ずつ、一カ国ずつ親切に仏教を教えてあげた。当時流行った疫病や旅路の疲労にもかまわずに、誠心誠意に目の前のことに取り組んだ。それで片道一万五〇〇〇キロの距離を十五年半もかけた。

　帰りには各国の王様が協力態勢で国境ごとに兵隊を出し、玄奘を擁護しながら、次の国境まで彼を運んでいった。したがって、玄奘は一年半だけで砂漠を横断して無事に帰ることができた。

　玄奘は目の前にいる人を大切にする「尽くす人」だった。各国の人々も、尽くす人に対しては「尽くしたくなる」ので、仏教典を取りに行った大勢の僧侶の中では玄奘だけしか持ち帰ることに成功しなかった。玄奘が唯一歴史上に名前を残す人になった。

　宇宙の良いエネルギーの循環の原理により、あなたが世のため、人のため提供した親切、善行に対して天は応援団としてそれ以上にバックアップするものなのだ。

あなたが目の前のことを丁寧にやっていけば、あなたの周りはもっと変わるのではないか。目の前の仕事がいかに大事な仕事であるかを認識し、それに純粋に取り組んでいけば、充実感を得ることができるし、目の前のことに対して真心を以て対応する精神を身に付ければ、ほかのどんな仕事に対しても同じ姿勢でベストを尽くすことができる。

あなたが目の前の人に対して自分の思いやりを注ぎ、大事に接していけば、あなたの周りの人々がもっと変わるのではないか。出会う人、巡り合う人、一期一会の人を誠意を以て大事にすることは遠くにいてできることではなくて、目の前にいる時にしかできない。

全ては誠意、善意の心により万物一体の融和の境地に入るという真理があるから、私達は周りの人々と、もっと多くの人々と一緒に調和の社会を作りあげることができるようになる。

誠心誠意とは相手に対して真心を以て尽くすことだ。人間には「心の耳」というプレミアのついた直観力があるので、人に接する時に、誠心誠意、心を込めて対応することが大切なのだ。人に誠意を尽くすことによって、あなたは心の中で大きな満足感を得ることができる。誠意を受けた人より誠意を尽くした人のほうが満足感を強く感じられる。それは、人間が誰かの役に立っていると実感する時に満足感に満たされ、そこに自分の存在価値を見付け出すように、もともとできているから。

誠意を受けた人より誠意を尽くした人のほうが満足感を強く感じられる。

目の前の人、周りの人に接する時に誠意を以て対応しよう。

人を認める

ある町工場の社長の自宅で時々、従業員達を集めてのホームパーティーが行われていた。その都度社長の母親は息子の嫁を皆の前で褒めまくっていた。「うちの嫁は気が利いて、何でもできて、よく手伝ってくれるんだよ」。満面の微笑み、熱意の言葉は、食事の味覚までも高進させる効果があった。数カ月後、もともとはぐうたらだった嫁は姑の褒めた通りの良い嫁に変わった。

人間は誰でも他人から認めてもらいたがっているものだ。これは承認欲求が人間が持つ最も根本的な性質の一つだからだ。

人々は皆、賞賛と肯定を待ち望んでいる。元来、人間の脳と心は、「あなたが必要な存在だ」という褒め言葉によって癒やされ、人間の体はその癒やされた力で明日へと向かう活力をみなぎらせるようにできている。

人を褒めたり、賞賛したりするのは、あなたの人生をどんどん良い方向へ進展させる。だからこそ、人が望み、自分も望む励ましの言葉、褒め言葉を気前よく伝えるべきである。

褒め言葉は、あなたがいつでもどこでも送ることのできる他人への一番良いプレゼントなのだ。相手を認め、褒めることで、その人に自信を与え、気分を高揚させることができる。それに、人間に本来備わっている「共感回路」の働きにより相手の嬉しい気持ちがあなたに移されるはずだ。

認めること、賞賛することは私達のプラス思考の栄養源なのだ。プラス発想にするか、マイナス発想にするか、三年、十年と積み上げていくとそれだけで人生の全てにおいて、天地ほどの開きが出てくることになる。

褒め言葉で相手の良いところを見つけ、口にするあなたはプラス発想による行動が伴うばかりでなく、相手にもプラスの心理作用を及ぼすことになる。それゆえに、認めること、賞賛することができる人のところにどんどん良い話は舞い込んでくる。また、他人のことを好意的に語る人にもツキを呼ぶような好運が転がり込みやすい。

実際に、適切な褒め言葉は誰にでも毎日でも言っていい。一日何回でも言っていい。これは賞賛することだ。賞賛することは、心理学的に人間の承認されたい心を満足させ、自己認知を促《うなが》すように作用する。つまり、相手に「自己重要感」を与える。

社会心理学の角度から見れば、褒め言葉をかけたり、人を立てたりすることは人間関係において潤滑剤のような働きをすることがあり、相手の人格を尊重し、相手を愉快にさせてやるという思いやりの表れでもある。

ユダヤ人の諺にはこのような言葉がある。「認めて賞賛できる人こそが認めて賞賛するに値する人であり、人から認めて賞賛してもらえる人である」

身近な人に褒め言葉をかけたり、励ましの言葉を送ったりすることは相手が本人でさえ気付いていない能力を引き出してあげることでもある。

人を認めて褒める際に注意すべきことは、心から好意的に認めて褒める気持ちを相手に伝えなければならない。抽象的なことより、具体的なことのほうが効果的である。相手に対して好意がありさえすれば、必ず、その好意は伝わるはずである。

人にかけた褒め言葉が
山々に伝わる喝采の響きのように
あなたにはね返ってくる。

認めること、賞賛することは、あなたにも相手にも
心身への好影響を与えてくれる。

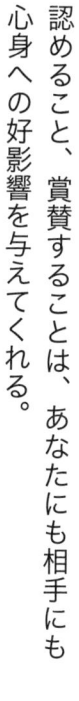

人の自尊心を尊重する

同じ保育園に子供を預ける近所の二人の母親が気の合うママ友になった。ある日曜日に、ママ友の二人が公園で子供と遊んでいる最中に、小さなことで言い争いを始めた。

「あの流行っているゲーム機は四万九〇〇〇円で売られているのよ」

と男の子の母親が話題を出すと、

「いえ、一万三〇〇〇円でも買えるわよ」

と女の子の母親が反発した。しばらくして、そのゲーム機の値段の話はもめごとに発展した。

結局、ママ友の二人は気まずそうに各自の子供を連れて、早々《そうそう》に帰ってしまった。それから二人は連絡を取り合う気すらなくなったようだ。

「もし、争いをもって争いをくいとめんとするならば、ついに止まることを得ず」という経文の一節があるのは、それはそのとおりだからである。

人の自尊心を尊重することは人間の品格として表されてきたように思われる。尊重とは、相手の自尊心、知識などを肯定したり、認めたりする気持ちのことだ。人の自尊心を尊重するには自分の勝負好きな性質を抑制し、必要以上に何かを獲得しようとする強い表現を抑える必要がある。

強欲や傲慢は人間関係の敵である。それは反感を生み、人のプライドを傷つけて、友情を台なしにする。良い人間関係への道が閉ざされる結果になる。

争いごとが起こると、理がどちらにあろうと意味があまりないと後で気付くことが常である。それをよく理解する人は物事の調和を保たせようとする姿勢に臨むものだ。

ほんのわずかな言葉から取るに足りない事柄でも縁が切れていくことがある。縁が切れるならまだしも、気持ちが交錯し重なり合うと、また争いごとになる。「昨日の友は今日の敵」になりかねない。

もう少しよく耐えて、どちらかに「悪かった」という心遣いがあれば、お互いの自尊心が確認されている状態になり、調和が取れる局面に変わることもできる。

夏目漱石の『草枕』にこのようなことが書いてある。

「智に働けば角が立つ。情に棹《さお》させば流される。意地を通せば窮屈だ。とかくに人の世は住みにくい」

調和があれば、どのような世の中でも住みやすくなるのである。

調和とは、調という「しらべ」が意味するように、良い音律の調子を持たせ、穏やかな雰囲気を漂わせる境地のことである。

あなたが良い人間関係を育てたければ、相手のプライドを尊重し、心の底では相手を尊敬する意識を持つことを念頭《ねんとう》においていたほうがいい。

お互いがしたいままにさせ合って、仲よくし合うことは決して難しいことではない。長い目を持って物事を見れば、調和と協調を図ることができるようになる。

最近、こんな面白い質問を最新のコンピューターに問いかけたらしい。

「どんな人間が最後に生き残るのだろうか」。「譲る心を持った人」という答えが返ってきたそうだ。

言い換えれば、調和の心を持った人。

それは医学的にも遺伝子工学的にも理にかなっている答えなのである。

人間自体から見れば、体内にある六〇兆個もの細胞が実にお互いに譲り合い、よく調和していることがわかる。

調和はすべての絶妙なバランスの中にある。

人に尊重されたければ、人を尊重しなくてはならない。

マイナスの予想をしない

ゴールデン・ウイークに、母親思いの息子一家が田舎の実家に帰ってきた。還暦の母親が大喜びで、思わず新鮮な野菜や山で採れる旬のきのこを食べさせるために出かけようとしたところ、「かあちゃん、山道から落ちないように、いってらっしゃい」という息子の心配そうな声が母親の心に残った。

それで、息子の心配したことが現実になった。そしてそのまま山へきのこ採りに行った。母親は小さな山上から落下し、全治二カ月ほどの怪我を負ってしまった。

この実話は自分にも人にもマイナスの想像、予想をしてはいけないという教訓を示してくれる。

あなたは念願と想像という方法を以て物事を考える時に、いつも想像のほうが勝負に勝つことを知っているかもしれない。それは想像が形ある暗示のパワーにより物事を実現させる力があるからだ。

仮に、あなたが畦道で自転車に乗っているとしよう。あなたは両側の田んぼに落ちないように想像しつつ、前進する。しかし、ハンドルを握る手は田んぼへと落ちる方向に動いてしまうことがしばしばある。

また、夏のビーチに水着で行きたい一心でダイエットしようとする女性がいるとする。帰宅して母親が買ってきたケーキを見たとたんに、手を出してパクパクと食べてしまった。それは彼女が絶えず心の中で大好物のスイーツを食べることを想像していたから。その想像した絵は、ダイエットの念願より大きい暗示のパワーにより行動として現れずにはいられなかった。

あなたは高校生の誰かが悪い結果に失望しながら、

「どうせ初めから入学試験に落ちると思った」

と言うのを聞いたことがあるかもしれない。

「毎週週末、ショッピングモールにあるゲームセンターに行ってもしかたがない。どうせ景品を取れない」

という話を聞いたこともあるだろう。その結果、その人は毎週そこから景品をなかなか取れないのである。

マイナスのことが起こると予想し、それを確信すると、その通りになる。

「あなたが信ずるところに従ってあなたがなされる」

また、取り越し苦労をすればするほどマイナスの影響が心身に及ぶことは、そうに違いない。心配したからといって、結果が変わるというものではない。「百害あって一利なし」の取り越し苦労は牽引の法則によって心配した通りのことが起こることがよくある。

もう一つ、人に同情する場面もある。ここでも同様に、マイナスの想像や予想を抱いてはいけない。家族や友人の誰かの病気を見舞いに行く際に、「かわいそうだ。その痛みが分かるよ」と感情を込めて言葉をかけることはあたかも暗い部屋で目が見えないことに悩んでいる人に対して、さらに目隠しをしてやったようなものだ。また、友人が苦しいことに遭遇した際、「かわいそうだ。その苦しみが分かるよ」という「共感」の言葉も建設的なものではなく、マイナスの効果しか与えない。

とにかく、「共感」の言葉、消極的な暗示の言葉を一切使わないことを心がけ、病人が快方に向かうこと、癒やされることだけを祈る。困った友人が困難を乗り越えることができるように祈るだけでも、ただそばに居てあげるだけでもいい。

あなたは常に心が良い方向へ向くよう、自分の心を自分で把握しなければならない。他人からの消極的な暗示や予想を一切受け入れないように注意すべきだ。そうでなければ、自分の体も心も不健康になりがちだから。

あなたが予想するものが何であれ、信じる気持ちをいっぱいにすると、それは現実になる。何を予想したかによって、あなたの人生の明暗が決まるのだ。それなら、ポジティブな予想をし、「必ずうまくいく」、「必ず健康になる」ことを確信し、その確信したことを想像に任せて行動を起こせば、「ドリーム・カムズ・トゥルー」(夢が叶えられる)ようになる。

何を予想しているかによって、あなたの人生の明暗が決まるのだ。

マイナスの予想、想像、暗示、感情移入の共感を人にも自分にもしないことだ。

利他の心で考える

二〇一七年の四月に川崎市川崎区の京急電鉄の踏切で、一人の立ち往生した高齢者を救助しようとした男性が踏切に入ったものの、二人とも列車にはねられて死亡した事故があった。

事故現場でたくさんの花を捧げ、悼みに行った人々の中に彼の同僚らがいた。

「危険でも人助けをしようとした彼の行為に意外性はない。優しい人間だった」

「困っている人を見ると黙っていられない人だった」

と、彼の人柄や行動を称えていた。その思いやり、愛が溢れた行動に対して私達は心を揺さぶられたのではないか。

状況を判断せず、危険を冒してまで自分の生命を投げ出すことを勧めることはしないが、「自己保存が生命の第一原則」であることを理解するうえで、人を助けることがどんなに素晴らしいことだろうと称えたいものだ!

「幸福を得ようとする者は幸せを得られないが、人に幸せを与えるものはそれを得る」という言葉の通りだ。人間は真・善・美のこと、正義にかかっていることをする時に、脳内から快楽物質であるβ－エンドルフィンというホルモンが分泌されるので、最高の至福感を覚えるわけである。

人のために、働いて助けてあげることで、感謝された言葉や笑顔が、あなたの心に鮮やかに焼きつけられるはずだ。その日の夜も、何の悔いもなく、ぐっすりと眠ることができる。

私達は普段、利他の心を少しでも多く持つために、「今日はどんな良いことをしようか」と意識的に考える必要がある。利他の心で考えることほど、あなたの長所を伸ばすものはないといわれる。人間の長所を一つでも伸ばしていくことは、人生の目的の一つなのだ。

人間にとって一番難しいといわれる利他の精神を心に置くことができれば、その人のそれ以外の美徳（愛、尊敬、忍耐等）もスムーズに伸ばすことができるようになる。

自分の世界をより豊かにしたければ、思いやりの心、利他の心を優先的に考えるに越したことはない。自分よりも先に、他人によかれと考えるという利他の心の大切さを円福寺の先輩のお坊さんは、このような例え話で解釈したそうだ。これは稲盛和夫氏の著書『生き方』の中で述べられていることだ。

極楽の人達は温かい思いやりの心を持っている。美味しそうなうどんが煮えている高い釜のところで、皆が長さ一メートルほどの長い箸を持ち、並んでいる。

誰もが自分の長い箸でうどんを掴むと、釜の向こう側にいる人の口へと運び、

「あなたからお先にどうぞ」

と食べさせてあげる。そうやってうどんを食べた人も、

「ありがとう。次はあなたの番です」

と、お返しにうどんを取ってあげる。それで、皆、全員がうどんを食べることができて、楽しげに満足している。

他人のためなどというと、きれいごととして受け取られるかもしれないが、あなたが他人に対して望むことは、実はあなた自身に望むことと同じだという原理があるように、他人のことを考えるのは自分のことを考えるのと同じことである。それは反射の原理のように、ガラス等に与えた光から向こう側にいる自分にも同じく光を受けられるから。自分だけの殻に閉じこもることなく、人のためを考えて行動したとき、あなたは本当に人生を生きたことになる。

「人間の心は磨かなくては光る道理がない。光りだせば自然に慕われる」

不思議なことに、人間という生物は世のため人のため、思い、働く時に遺伝子がオンになり、良いホルモンが脳内で分泌し、最も良い心の状態を保てるようになっている。

人を助けて喜んでもらえる喜びには自分自身の喜びを超える価値がある。人間の魅力と価値は与えることにある。

利他という「美徳」には清らかな至福感、はつらつとした元気さ、遺伝子がオンになる体質を獲得できる「美得」が付いている。

第四章

未来の自分を高める健《すこ》やかな力

夢見る力を心がける

夢見る力はアメリカの天文学者パーシヴァル・ローウェルの言葉で言えば、「想像力、即ち形を作り出す力は夢見る力を持つすべての人に共通した賜物である」。

夢見る力とは私達が人生の王道を歩むために必要な想像力のことである。

想像力とは「心の映画法」を用いて、理想が叶った時の自分の将来像を、或いは困難を乗り越えた時に自分が喜びに浸っているシーンをイメージする「図形化瞑想」のことである。

人間の本質的な働きはその想像力にある。

心がけて想像力を建設的に活用すれば願望を達成するためのやる気も生まれる。心の深層にある潜在意識にイメージを定着させるため持続的な想像力を発揮すれば、問題はクリアでき念願も達成できる。

万華鏡の中に浮き出る模様に感動した子供の頃の経験が誰にでもあるだろう。万華鏡のように思いを馳せて心に焼き付けることで、現実と想像が区別できなくなるという特徴のある潜在意識の力が引き出せるようになると、どんな夢でも叶えられる。氷山の九十パーセントは水面下にあるという潜在意識の例えは誰でも知っているが、ここで私達の生命を大樹に例えると、根幹《こんかん》や根（潜在意識）の存在は言うまでもなく、樹の枝、葉（顕在意識）を生かすために決定的に働くだろう。

夢見る力には睡眠中の夢からアイデア、問題解決法、予告、警告等をもらうことができる魔法の力がある。夢は全知全能の潜在意識の可視化とも言われる。

ノーベル物理学賞を受賞した湯川秀樹博士は寝起きの瞬間に中間子理論を思いついたという。ロバート・ルイス・スティーヴンソンは夢から小説のプロットを教えられ、世界のあらゆる言語に翻訳された超ベストセラー『ジキル博士とハイド氏』を作り出した。

最近放送された（二〇一七年五月）『世界の何だこれ!?ミステリー』というテレビ番組では夢見る力の実話が紹介された。それはタイで娘が失踪し、殺害されたことが母親の夢に出てきて、本当の犯人が捕まえられ、事件の解決に繋がった話だ。

また予告夢の通りに事が起こった、このような実話がある。

離れた地の中国で入院している高齢の父親から「別れを告げた」電話がかかってきた夢を見た女性がいた。その二日後に彼女の父親が本当にこの世を旅立ったことを後で知った。

ダイヤモンドにとぐろを巻いているヘビという縁起の良い予告夢を見た女性は、見事にロト6の一等、二億一七五九万円をゲットできたという実話もある。

「あなたの心の能力の一つに、来るべきことを予見する能力がある。時にはそれは、夢や真夜中に見る幻として現れることもある」

「この世では夢見る以上に様々な事柄が祈りによって成し遂げられている」

ジョセフ・マーフィー博士の何冊かの本を開いてみれば、そのような例が山ほどあることがわかる。

夢見る力を引き出すために、関心のあることに波長を合わせ、それを信じきった心で瞑想し、祈ることを一定期間、繰り返すといい。

想像力とは、楽しいこと、気持ちがいいと感じることを想い浮かべることをも意味する。これは東洋医学で言うところの簡単な「瞑想」だと言える。その方法は、心の健康、脳の若返りに役立つし、うつ病、軽い認知症の医学治療にも用いられる。

想像力を鍛えることによって脳波であるα波がふんだんに出る状態になり、天然の脳内モルヒネ（脳内快楽麻薬）が分泌され、記憶の大部分を司る「海馬」の働きが活性化される。それにより記憶力が甦《よみがえ》る。

楽しいイメージを習慣的に持てば持つほど自然に前向きな意識に変わりやすく、幸せの気持ちを持ちやすくなる。

毎日健康のために散歩しながら、左脳（言語、理論を司る脳、生まれてからインプットされた情報の脳）を休ませて、右脳（感性、全体感覚を司る脳、先祖から受け継いだ遺伝子レベルの情報の脳）を鍛えることを心がければ、心身ともに健康的になれる。

常に良い想像、楽しい想像をすることによってあなたの心は愉快になり、積極的な心の態度を保たせられるようになる。

それは、実に幸せな気分になれる秘訣中の秘訣の一つである。

人は夢があるから輝いていられる。そして、夢見る力があるから、人生の王道を楽しく歩んでいける。

夢見る力とは私達が人生の王道を
歩むために必要な想像力のことであり、
夢見る以上に事柄の解決力となる。

願望を実現するためには夢見る力という方法がある。
積極的な心の態度を作るには想像力という武器がある。

集中力を上げる

春秋時代に楚の国の王子が弓の達人に弓の射《う》ち方を教わった。だいぶ上達したので王子は狩りに行った。遠くに半分隠れているカモを見た王子が「よし、これはいいぞ」と弓で射ようとしたところに、左側に一頭の山羊が見えた。「山羊のほうがいい」と気が変わった。今度は右側には模様のある鹿がやってきた。「やはりきれいな鹿をとりたい」と鹿に向かって矢を放とうとした。今度は珍しい鷹が真正面の空をはばたいて飛んできた。「決めたよ。この鷹だ」とやっと矢を放った。しかし、鷹に素早く逃げられた。がっかりした王子は弓を戻し鹿にねらいをつけようとしたが、そこには鹿、山羊、カモの影さえ跡形もなく消えていた。王子は獲物をとれずにしかたなく帰った。

目標を追い求める過程では集中力が求められるのだ。興味のあるものをたくさん手に入れるため、それらの全てに取りかかろうとしても良い結果は出ることなく、目標までも失ってしまう。

「最初から多くのことを成し遂げようとして極端な努力をすると、たちまちのうちに全てを放棄することになる」

まったくチャップリンの言葉の通りだ。

物事を成し遂げるためには、集中力が不可欠の要素なのだ。心が何にもとらわれずに、目の前のことに夢中に取りかかる。人間は物事に夢中になる能力を持っている。一生懸命に取り組むことを楽しむと分泌されるホルモンを持っている。その夢中になる力を使って素晴らしい成功、素敵な夢を手に入れることができる。

夢中になる能力、すなわち集中力を上げるため、いくつかの方法を紹介したい。

一つ目の方法は、具体的なイメージを持って取り組みたいことに波長を合わせることだ。目的や目標を達成する時、何か自己への褒美として好きな料理や楽しい旅行等を設定する。その幸せそうな場面に浸っている自分を頭に浮かべる。そうやって設定した自己への褒美の瞑想法により、「脳内モルヒネ」のβ－エンドルフィンが分泌されて幸せな気分がもたらされる。いわゆる一生懸命に取り組むことを楽しむと分泌されるホルモンである。この究極のホルモンにはテコの原理に似たエネルギー増幅効果がある。ちょうど車が穏やかな下り道を走っていくように、アクセルを踏まなくても、気分よくスピードを保って走れるのだ。

二つ目の方法は瞑想だ。瞑想には、「自分の無意識の思考を制御し、純粋な意思の働きを高める」という効果がある。人間の心には何かに意識を集中しなくても勝手に物事を思い浮かべてしまうという性質がある。その完全にコントロールできない無意識の働きで、集中力を低下させてしまう。瞑想することによって、自分の無意識や欲求を抑え込み、心身と健康のバランスまでもとれるようになる。

瞑想とは静かな所で楽に座って目を閉じて、何回か深呼吸してから頭の中を空っぽな状態にすることだ。或いは、何も考えないことのかわりに、数を数えたり、自分の呼吸を聴いたり、楽しいこと（抽象的なこと）を想像したりすることもよい。

三つ目の方法は、お経等を唱えることだ。お経のかわりに家訓や好きな歌の一節を用いても周りのことを忘れて、雑念を振り払って、自分を見つめ直すことができる。

四つ目の方法は、ＥＭＤＲと呼ばれる催眠や心療治療にも使われる有効な方法だ。

ＥＭＤＲ（Eye Movement Desensitization and Reprocessing）とは「眼球運動による脱感作、及び再処理法」を指す。

やり方は簡単だ。自分の指を見て眼球の左右運動を、四秒間で一往復するぐらいのスピードで三十〜五十往復程度行う。

ビフォーとアフターの即効がある。ストレス脳波と呼ばれるβ波の多い状態がリラックス脳波であるα波の状態に変わる。ちなみに、血糖値や血圧も下がるという効果が表れる。

五つ目の方法は音楽を楽しむことだ。自分が心地よいと感じる曲を楽しむ。とりわけ、クラシック音楽はリラックス効果が高い。α波測定の第一人者と呼ばれる志賀一雄先生によると、一一六のテンポの曲がα波を最も多く出させるそうだ。農家で牛にクラシックを聞かせるとミルクの出具合がいい、日本酒の醸造所でクラシックを流すと味がよくなるという実話がある。面白いことに、大自然の月のテンポも一一六なのだ。生き物が月のテンポと共鳴すれば生命力も強くなり、「ツキ」も来る。

一一六のテンポとは一分間に一一六を数える安定性のあるテンポのことだ。

その一一六のテンポの代表格は、やはりモーツァルトのホルン協奏曲第3番K447第一楽章。

ヴィヴァルディの『四季』より秋〜第一楽章アレグロS。

ヴェルディの『アイーダ』より「凱旋行進曲」。

また、集中力を上げるために大豆などに多く含まれるレシチン、魚に多く含まれるDHA、EPAを積極的にとるのがいい。脳に効く「ブレイン・フード」といわれ、脳の中で情報を伝達する物質に変化し、学習能力、記憶力、集中力を高め、脳を活性化し、認知症の予防にも良い。

「ハチミツ」は「フラボノイド」成分で、脳細胞を元気にして、記憶力をアップさせる、最新重要栄養素になっている。寝る前にスプーン一杯をとるとよい。

医学博士春山茂雄先生が推薦しているサプリメントが瞑想の効果がある「深海鮫」だ。

カルシウム、マグネシウム、ビタミンCをとることもイライラ、ストレスの解消、集中力向上の手助けになる。和食の煮物の一品の「ひじき」にレモンをかけて食べることで、その三つの栄養素を全部とれる。

物事の完成、目標達成に欠かせない集中力はそれらの方法を通じて、驚くほどアップさせることができるに違いない。それに、ストレスを軽減させるという嬉しい効果を上げることができる。

集中力は物事を成し遂げるために不可欠の要素なのだ。

人間は夢中になる能力、すなわち集中力を持っている。それを簡単な方法で高めれば、その能力はあなたのものになる。

良い習慣を身に付ける

「習慣とは第二の天性である」

人生を左右したり、変えたりする威力を持つものは習慣そのものだ。

人間の習慣は、脳内にできた回路のようなもので、一旦身に付くと、自分の意思とは関係なく体が反射的にそれに従って動くようになる。習慣は私達の人生に、年月と共に長期的に大きな影響を及ぼしている。

良い習慣を身に付けるには自分が憧れる人の日常の生活習慣をまねていけばいいかもしれない。「三日坊主」でやめずに、「三日坊主」でも三週間も繰り返せば自分のものになり、習慣として定着させることができる。まず良い習慣を学ぼうという姿勢が必要である。

「習慣は二十一日間で作られ、二十一日間で破られる」という古来の金言がある。悪い習慣に気が付きだしたら、直すのは自分しかいないことを自覚することだ。「電気信号の回路」を変えるのと同様に、半導体の技術理論を用いて少々の手間をかけて電気信号の回路を修正することができる。悪い習慣がある自分を責めないことが、それを直すための第一歩だ。良い習慣だけに目を向けて良い習慣を育てる。すべてのことが調和、協調の中で育てられるようになるから、潜在意識と顕在意識を連携して、習慣でも変えることができる。

世の中に知られている良い習慣は結構あるが、ここで特に挙げられる有益な習慣が二つある。まずは祈りだ。祈りとは積極的な心的態度、信じる心を持つことだ。祈りとは意識的な心を肯定的な言葉で習慣的に表すことだ。

あなたは心の願いを祈りに乗せて表しているだろうか。願いこそすべてのものの後ろにある力、宇宙をも動かす力だと意識しているだろうか。

祈りとは、あなたが心の力と交流するために最も有効な方法である。建設的な祈りをすると同時に、それを実現できると信じることが必須である。スマホを利用することに例えるならば、スマホのアプリはそれをダウンロードすることによってその機能を利用することができる。同様に、あなたの祈りも、あなたの心の力と交流するのだ。もしも、あなたの心の力が存在するのを信じなければ、スマホの電源をオフ状態にすることと同じようなものだ。

信念にまで高められた真の祈りは「利息」を百倍も払ってくれるに違いない。

聖書には、こういう教えがある。

「よく聞くのだ。あなたがたは何を求めて祈ってもかまわない。そしてもし信じたならば、きっとその祈りは叶うだろう」

濁った水の入ったコップにきれいな水を一滴ずつ垂らしていれば、コップの中がきれいな水でいっぱいになるように、「どんな願いでも千回祈れば神様が聞いてくれる」。それは強制力を持つ潜在意識に沁み込むには繰り返す必要があるからだ。

ちなみに祈りは脳波をα波に変えて、リラックス状態を導いてくれる効果がある。

朝起きた時に、窓越しのお日様を浴びて、美味しい朝ご飯と共に、一日の始まりのために「ありがたい」気持ちで祈ろう。健康なひとときだ。

午後のコーヒーブレイクの時に、ちょっと行き詰まったことをクリアするために祈ろう。爽やかなひとときだ。

晩ご飯の時に、家庭の円満のために感謝の気持ちで祈ろう。至福のひとときだ。

起床と就寝の時、感謝の心を込めた「ありがとう」という甘いジャムで一日をサンドイッチにすることによってあなたの人生の健康力、幸福力が日増しに向上していくだろう。

次に良い習慣としては瞑想をすることだ。瞑想とは抽象的なこと、楽しいことを想像するといった簡単なことでいい。瞑想の基本の効用は脳内モルヒネ、リラックスα波が出やすい状態を作れる。瞑想の最大の効果は心が癒やされる。加えて、宇宙体験と同じように自分を変えてしまう力がある。

瞑想によって人間の価値観を入れ替え、寛大な魂を鍛えることができる。

鳥は高い空を思う存分に飛ぶことができる。

あなたは変動している世間を曇りのない心で生きることができる。高いところで広く見渡せる「鳥の目」を持てるのは「瞑想のおかげ」だ。あくせくするアリの姿の小ささことがよくわかる。

ストレス社会といわれる現在に生きるあなたは、もしも昼間にストレスなどを受けたことがあれば、翌日にそれを持ち越さないことが大切だ。手軽なストレス解消法としては、夜寝る前の三十分間は好きなことを楽しむ。好きなテレビの番組を見る。心なごむ音楽を聴く。好きな酒を味わう。その後に気分快いことを瞑想する。それで翌朝、爽やかに目覚め、活気ある気持ちで新しい一日に向かうことができる。

就寝の際、楽しいこと、未来の明るい夢を瞑想する。寝る前の心が「特別無条件同化暗示感受習性」という状態になるので、必ず「良いこと」だけを考え想像することを体得する。良いことだけを潜在意識に引き渡そう。

○「神（宇宙の活力）である健康、平和、安全、調和、富、成功、勝利、歓喜が私の体を流れている」

○「神はあらゆる面で私を繁栄させようとしている」

そのような祈りが潜在意識に沁み込んでいくことにより、強制的な力を持つ潜在意識があなたの人生に素晴らしい奇跡をもたらすことになるだろう。

習慣は人生を左右する力を持っている。

祈りこそ心の力を上昇させる。
瞑想こそ人生運を上向きにさせる。

自分の潜在能力を心得る

昔、ある村の地主が米倉庫を点検する際に、高級な腕時計を落としてしまった。大倉庫の集積した米の山からは小さな腕時計を見付けることはできなかった。翌日、地主は懸賞金として一年分の米を発見者に与えるという命令を下した。

村では大騒ぎになり、人々が倉庫に集まってきた。日が暮れると、彼らは捜すことをあきらめ、夕食を食べに帰った。だが、一人の少年が「苦労している両親にその米を絶対食べさせてあげたい」という思いで、必死に捜し続けていた。

静かになった暗い倉庫の中でひたむきに捜していたところ、突然、少年にかすかな音が聞こえてきた。その音に沿って伸ばした手は高級な腕時計を掴み出していた。

その倉庫に横たわっている高級腕時計と同様に、計り知れない宝物があなたの心の中に眠っているのだ。それは世界をも動かすほどの力を持った潜在意識からの潜在能力なのだ。

あなたはまず、自分の心の中に眠っている偉大な潜在能力の存在を信じなければならない。その少年のように固い決意を持ち続けるだけでも五十一パーセント目標に達しているといってもいい。本当に強い信念で一心に前進すれば、心の力を発揮することができるようになる。あたかも潜在能力の「かすかな音」が静かに心の中で響いてくるように。

人間は誰でも天才的な能力を潜在している。誰でも「火事場のバカ力」を持っている。六〇兆個の細胞、三〇億個の細胞の核である遺伝子を持っている人間は皆、素晴らしい宝石のような存在なのだ。世の中に同じ遺伝子を持つ人は一人もいない。言ってみれば、人間は並列に並んでいるのであって、優劣をつけてタテ並びにすることはできない。誰もが九十パーセントは未開拓の心の力、いわゆる潜在意識を備えているのだ。

ジョセフ・マーフィー博士は人間の潜在意識による潜在能力に対して、「どうしたらいいか」こう答えている。

「全能の生ける精霊である神（宇宙の活力）は、あなたの中に住んでおり、あなたの中で話し、歩いているのだ」

あなたは念願、悩み、願望、何であれ、自分の心の力をひたすら信じて、それを喚起することに集中するとよい。そのうちに必ず解決へのヒントがやってくる。それに従って行動を起こせば潜在能力は顕示されるだろう。

潜在能力を引き出す方法はいくつか紹介できる。

第一に、柔軟な考え方を持つこと。自分が思い込みで凝り固まっていること、自分で設定した限界を追い払う。世間の「常識」や一般的な「判断」に束縛されないように、色々な角度から考える。自分の心の中に神の力が宿っていることを常に念じる。

第二に、丹田呼吸法を行うこと。これは気分のリフレッシュ、心の病の予防、潜在意識の扉へのアクセスの効果がある方法であり、大学医院の教授の伝授によりうつ病を克服できた阿奈靖雄社長の著書『究極のプラス思考』に載っていた方法である。

丹田呼吸法のやり方

①へそ下九センチあたりの下腹を引っ込めながら、息を吐き出す。下腹を引っ込めると内臓が圧縮される。この動きには内臓をマッサージする効果があり、胃や腸など内臓の汚れた静脈血が絞り出されるように心臓へ押し戻される。

②下腹をふくらませながら、息を大きく吸い込む。引っ込めた後で、またふくらませると、圧縮されていた内臓がリラックスした状態になる。ここで息を大きく吸い込むことで、新鮮な酸素が大量に供給される。

③目を閉じて集中力を高め、脳波をα波の状態へ導く。①と②を繰り返して三分ほど行うこと。

第三に、自律訓練法を行うこと。これは一九三二年にドイツの精神科医J・H・シュルツ博士が開発した脳のトレーニング方法であり、現在、リラクゼーションのために幅広く利用されている方法である。

自律訓練法のやり方

静かな場所で行うこと。背筋をまっすぐにし、足は肩幅ぐらいに開き、自然に床に垂直になるように、目は半開きで、視線は前方一メートルまで落とす。

準備段階（安静化）「気持ちが落ち着いている」
第一段階（重感訓練）「両手、両足が重たい」
第二段階（温感訓練）「両手、両足が温かい」
第三段階（心臓調整訓練）「心臓が穏やかで規則正しく打っている」
第四段階（呼吸調整訓練）「呼吸が楽だ」
第五段階（腹部温感訓練）「お腹《なか》が温かい」
第六段階（額部涼感訓練）「額が気持ちよく涼しい」

第四に、自律瞑想法を行うこと。これは春山茂雄医学博士が推薦している方法だ。心の癒やし、うつ、ボケの改善と予防、宇宙的な規模の感覚を伴う幸福感を得ることができる。

自律瞑想法のやり方

ゆったりとした姿勢で人差し指と親指で輪を作る（両手にゴム製の柔らかなものを握ってもいい）。左右交互に力を入れながら（左脳と右脳とのコミュニケーションをよくするため）瞑想状態へ。ある程度熟練すれば自律訓練法準備段階なしでも効果がある。

生きながら仏として生きられるという「三密修行」と呼ぶ空海の養生法がある。「手で印を結び口で真言を唱え、心に仏を描けば、どんな人でも即身成仏できる」

人間は誰でも天才的能力を潜在している。まず自分の心の中に眠っている潜在能力の存在を信じなければならない。

自分の心の中に神（宇宙の活力）の力が宿っていることを常に念じ、自分が意識していることにシンプルに集中し、実践していこう。

行動に移す

「生きるとは呼吸することではない。行動することだ」という言葉があるが、それは積極的に行動する人ほど人生における物事をよく成し遂げるということだ。

あなたが楽しいドライブを計画することに準《なぞら》えると、地図で行きたい場所を調べ、車にガソリンを入れ、エンジンをかけ、車を走らせるといった行動をすれば目的地に辿り着くに違いない。

行動の第一歩をうまく踏み出すために一つのシンプルな心構えが必要だ。それは、とりあえず「取りかかる」ことだ。

興味があることなら作業に取りかかるのは簡単だが、好きではない、面白くない作業に取りかかるのは最初は辛く感じるかもしれない。「すぐやるべきだ」と頭では分かっていても、体はついていかない。その場合、次の三つのことをやるといい。

①体を動かし、ウオーミングアップし、取りかかる。

②一定の時間内には、ほかの作業をしない。

③少しずつ作業時間を延ばしていく。

どんなに面白くない作業でも続けているうちに集中力が上がってくる。何らかの行動を起こすことによってやる気ホルモンが分泌されやすくなる。こうした現象を「作業興奮」と呼ぶ。行動し続けるうちに一生懸命な状態を楽しむホルモンも分泌されてくる。いつのまにか楽しくなったと感じ、体までその面白さを覚えるようになる。

身近な片付け作業を見ると、そのような体験が分かる。片付けの苦手な人ならやる気が出る前に体を動かし、ウオーミングアップする。まず机の上の物を片付けることに集中する。そうすれば机の上に散らかしていた物や引き出しをいつのまにかきれいに片付けることができる。「きれいになった」という達成感が生まれると同時に、面白くなってきたと感じているうちに、ついに部屋全体までを整理することができる。これはやる気を誘い出す「作業興奮」の現象なのだ。

次は目標を具体的に設定する。「いつまでに、どれぐらい」を小刻みに設定する。行動に繋がるには引力目標、後押し目標が決め手だ。例えば、「ハワイの観光を三カ月後に」と計画する。その「ハワイの観光」という具体的なことは「引力目標」なのだ。あなたはこの目標にお金等を準備できるように努力する。

さらに目標達成には「いつまでに」という期限である「後押し目標」も必要だ。「ハワイの観光」は三カ月後か、年内か、来年までか、その期限を定めることで行動に繋がる。

ヨットを操る人はこういう経験があるという。「力いっぱいロープを握れ」とコーチに指示されてもクルーはなかなか力いっぱいには握れない。ところが、「二十秒間握れ」という指示をされると、不思議に、それに向かって握ることができる。数字が入るかどうかでクルーの動きが全然変わってくるのだ。

「願望を叶えたい」、「行動を起こしたい」という気持ちを本気にさせるのは、「数字つき、期限つき」の目標なのだ。

多くの人は人生の目標に向かって行動に移すのが億劫になるものだ。それは理論的な理解を本位に追求したあげく、「学んで、いよいよ苦しみ、究めて、いよいよ迷う」ということになるからだ。考えを実行に移さなければ実際、何も得るところはない。前進する行動がなければどんな夢でも叶わない。青年時代に描いた大きな夢を本当に実行して手に入れた人は限られている。その事実は「行動に移す」ことの重要性を物語っている。

夏目漱石の弟子であり、物理学者であった寺田寅彦氏がこのように述べている。

「自然は書卓の前で手を束《つか》ねて空中に画を描いている人からは逃げ出して、自然の真中へ赤裸で飛び込んで来る人にのみ、その神秘の扉を開いて見せるからだ」

最初から無駄と思って何も行動を起こさない人には何も訪れることはないのだ。

人間は行動に移し、小さな成功や経験を積み重ねていくことで自信や信念が大きくなる。

「言葉を超えた行動は心に響く」「行動してやってみてよかった」ことは世間にいくらでもある。人生は世間が考えているほど厳しくない。

「案ずるより産むが易し」

あなたが行動に移すのをためらうのか、それとも即断即行するのか、そこが人生の内容の分かれ目になる。

積極的に行動する人ほど
人生における物事をよく成し遂げる。

とりあえず「取りかかる」ことだ。行動すれば一生懸命を楽しむ味を吟味できるようになる。

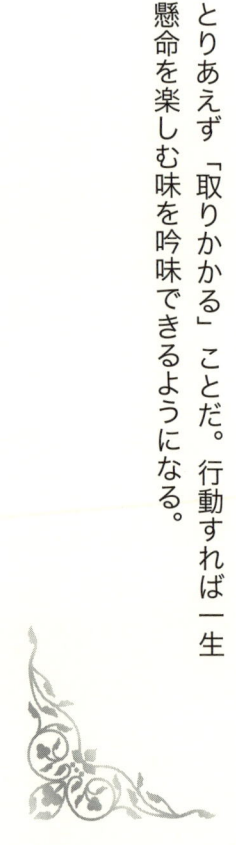

健康力を発揮する

人々は皆、人生で何より大事なことは健康だと認識している。だが、人間には本来約百二十五歳まで健康に生きられ、必要なものは全て体の中に揃っているという認識は、あまり持っていない。日進月歩《にっしんげっぽ》の現代医療が進んでも、病気が減ることはない。その大きな原因の一つは「人間は病気になるのがおかしいのだ」と思っていない、むしろ「歳をとっていけば病気になるのが当然だ」と思っているといった健康観にほかならない。

東洋医学ではこのような見解が示されている。地球を含む大自然は一つの生命体で生命活動をしている。人間をはじめとする全ての動物、植物は大自然を構成する細胞である。細胞の生命は大自然の生命と一つの根元で直接繋がっている。天の気は空気中の酸素と空に溢れる宇宙エネルギーであり、地の気は春夏秋冬、大地に生まれる植物と水である。そして、元気とは天の気で養い、地の気で養いを補うことなので、人間は本来元気なのだ。大自然は非常に健康な活動をしている。病気にはならない。太陽も月も風邪で寝込んでしまい、昼や晩に出てこないことは一度もない。野生動物もほとんど病気にならない。同様に人間も本来健康に生きられる存在なのだ。

本当の健康力を発揮したいならば、あなたは常に健康に対する強い願望と自信を持たなければならない。健康である自分が当たり前だと思わなければならない。「人間は思ったとおりの存在になる」とジョセフ・マーフィー博士の名言をあてはめると、健康であることは当然だと思えば、いつも健康でいられるのは当然なことなのだ。

その心構えは、あなた自身の健康力をみなぎらせることができる。心が肉体に及ぼす力は実はどのような薬や医学的手段よりも強力なのだ。

「健康志向」に熱心な現代人は体のために、「何を食べたら良いか、何を食べたらダメか」と、いつも食事と食物の栄養に気を配っている。しかしながら、世間で起こる暗い事件や、マスコミのネガティブな過熱報道などの外界からの情報を取捨選択せずに鵜呑みにすることが、それを精神の栄養として心の中に入れているに等しいことに気付いていない。同様に、精神の栄養は私達の考え方の形成に関して強い影響を与える。それはネガティブな発信、情報によってネガティブな思索に傾きやすく、自分自身の健康力を弱めてしまうからである。いくら良い栄養を摂って運動して肉体的に体の外部だけの気配りを完璧にやっているからといって、病気にかからないというものでもない。健康、若さは心と思考によって保たれていることを意識しなければならない。不安定になりがちの心と暗い精神状態のかわりに、調和的な心、良い精神状態をしっかりと持つ必要が大いにある。

あなたが健康、若さを意識すると同時に、自分が健康で若いと信じる心も必要だ。あなたがいつも穏やかな心で前向きに明るく生きていけば、病気になる心配はまったく要らないのだ。かんじんなことは、イライラしたり怒ったりすることが肝臓に、心配したり不安感を抱いたりすることが腎臓にダメージを与えることを忘れてはいけない。

外からの病を防ぐ「肝《かん》」の働きと、体内の命の火を燃やし続ける「腎《じん》」の働きを大切にすることは、つまり肝腎《かんじん》なことなのだ。

また、健康を維持するには心からの愛、即ち善意を抱くことも大切だ。

ここで自分自身に精神の栄養と自然治癒力を与える有効な方法を一つ紹介することができる。それはマジック言葉で自己断言すること。

「医者に薬とメスと言葉という三器あり」の格言があるが、医者のかわりに自分の心の力で自分の自然治癒力を引き出すのが何よりも良い。

つまり、「神の無限の健康力が私の体を流れている。私は病気には一切かからない！」と一日一回（何回でもいい）唱えること。声を出したほうが効果的だが、声を出さなくても心の中で唱えてもいい。続けていくうちに心と体の健康力が確実に増強されることになる。

とくに体の不調に対する不安を感じる時、病気や風邪が流行るような暗い情報を耳にする時、それを何回か唱えると効果がある（声を出しても心で浮かべてもいい）。

普段、「言葉による治療」という良い方法を利用するとよい。

緊張している時――→「平和」

恐れや不安を感じた時↓「不屈」或いは「平静」
難しい問題が生じた時↓「勝利」
という言葉を何回も繰り返すこと。

最近、「百四十五歳まで健康に生きた男性の長生きの第一の秘訣はユーモアである」という内容のテレビ放送があった。つまり、水が高いところから低いところに流れていくように、人間の心がその人の肉体を支配する。心にゆとりがあるからこそ、楽しい気分、ユーモアセンスが溢れてくるのだ。

シェイクスピアがこう述べている。

「人は心が愉快であれば、終日歩んでも嫌になることはないが、心に憂いがあれば、わずか一里でも嫌になる。人生の行路もこれと同様で、人は常に明るく愉快な心を持って人生の行路を歩まねばならぬ」

楽しい心を持てるかどうかは人間の性格により決定することではなく、人間の意識により作られる能力なのだ。

心の幸せ、体の健康を保つ秘訣は実に、ここにある。

あなたはいつでもどこでも自分の頭のリモコンで自分の心を笑い声溢れる愉快な喜劇のチャンネルに合わせることができる。

人間は本来元気で健康にいられる存在だ。

健康力を生かせるかどうかはあなたの心の持ち方次第だ。

さらに健康力を向上させる

現代社会では「霊的健康」を重要な要素として認識しなければならないようになった。一九九九年に世界保健機関（ＷＨＯ）は、人間の健康を維持するために必要な基本的三要素、「身体的健康」、「精神的健康」、「社会的健康」に、この「霊的健康」を加えることにした。

「霊的とは自然界に物質的に存在するものではなく、人間の心に湧き起こった観念（とりわけ気高い観念）の領域に属するものである。」（ＷＨＯが定めたもの）

霊的健康とは健全な安定した精神状態、心の一番深いところから生きる力が絶えず溢れ出ている状態を指している。現代の複雑混沌の社会では、よりレベルの高い精神状態、つまり生命力が溢れ、心が輝いて生きている状態を必要とする。

最近、人気のアニメ映画『千と千尋の神隠し』が同様なメッセージを発信した。ぼんやり生きていると神隠しに遭い、個人の生きがい、人生の目的が見失われることになる。

この意味深い霊的健康を得るには、いかなることに対してもひとまず「ありがたい」と受けとめることが肝心だ。「ありがたい」という気持ちによる人間の良い遺伝子がオンになり、初めて気高い観念が湧いてくる。

いかなる時期においても「宇宙的視野」に視点を置いて、物事を広く考え、直面する困難を見下ろせば、それらは些細な出来事に過ぎないものとなる。

例えば、両年後の自分がその時期、その困難をどう見ているだろうかと想像してみるとよい。きっとその時期がただ宇宙という時間大海の一滴だと分かるだろう。それを乗り越えた喜びに満ちるに違いないだろう。遠くの自分を見ることにより、いまの自分を「霊的健康」で保てるようになる。

「霊的健康」ほど心を広くし、安定させてくれるものはない。

「霊的健康」ほど体を強くし、丈夫にしてくれるものはない。

東洋の感謝の原理、日本の「御蔭様《おかげさま》」の思想こそが「霊的健康」を発揮する鍵になっている。つまり、見えない、知られない、気付かれないところで自分を応援してくれている何者かへの感謝の心こそがストレスに勝ち、生きがいのある志を持って生きていくためのベストな方法であり、先祖から継承された智慧でもある。

感謝することを習慣としている人は、どんな状況の中でも感謝すべき材料を探そうとしている。そしてどんな場合でも、プラス発想に切り替えることができる。そういう人はゆったりとした良いホルモンの働きで心身もリラックスできるし免疫力も高い。効果的にあらゆる事態が好転していく。やはり「好運」というものは、あなたと同様に機嫌の良い感謝できる人のところに行くものである。

生きがいのある志を持つ心は健康長寿ホルモンを出させ、ストレスにさらされない。感謝と歓喜の心が快楽ホルモンβ－エンドルフィンの分泌を促すことができる。

アメリカの精神科医であり、脳神経医でもあるダニエル・アーメン博士はこう言っている。

「一番よく効く抗うつ剤はプロザックではない。感謝の気持ちだ」

快楽ホルモン「β－エンドルフィン」こそが免疫力の向上、がん、成人病予防の効果、記憶力の強化、忍耐力の増強、エネルギー数増大等の人間すべての営みに良い働きをもたらしてくれる魔法使いである。

それは「人生を愉快に生きれば、いつも若々しく健康で病気にも無縁で、長生きできるよ」という神様からのご褒美である。

「いつも喜んでいなさい。絶えず祈りなさい。すべての事について感謝しなさい」という聖書からの真実でもある。

感謝の心を持って人生の生きがいを見出し、自己実現する方向を持つことは人間の健康のエネルギー数増大に与《あずか》って力がある。ドイツではエネルギーだけで治療する病院が実際にある。現在、自然医科学ではエネルギー科学を導入している。人間は意識で物質の種類を決定し、感情で回路の電気的エネルギーを左右している。人間の体の周波数を変えるだけで健康にしてしまうことができる。それは人間の体のどこか異常が出ている部分はエネルギーが下がっているので、そこのエネルギー数を上げて、健康時のそれに戻すことで物質である細胞、臓器も健康に戻っていくからである。

それは、感謝の心を持って生きること、生きがいの追求を心がけることがいかに現代人にとって必要なものかを裏付けている。

現在、どのようにすれば健康になれるかという情報、方法はたくさん知られている。ここで特に挙げたいのは三つのこと、「瞑想」「運動」「食事」である。

第一は「瞑想」。これは脳波のα波への転換、心の癒やし、体のリラックス、脳の若返り、記憶力の向上、認知症の予防、心の容量の拡大という凄い効果を持っている。

やり方は既に紹介した丹田呼吸法、自律訓練法、自律瞑想法を毎日、合計十五〜二十分行うことで明らかな効果が見込まれている。

健康法の働きを提唱している春山茂雄医学博士は『未病の医学』にこう述べている。

脳波がα波に変わり、脳内物質が出ている時、人間の意識が変性意識に変わり、潜在意識への扉が開いている。この時こそ、自分の悪い習慣、癖、性格などを変えていく機会にすればよい。

「これだけは絶対やめたほうがいい」という「無」、「これは少し量を減らしたほうがいい」という「少」、「これはどんどん増やしたほうがよい」という「増」を感じることである。

その「無少増」の祈りを毎日することによって、いつのまにか寛大な心になり、高まった良い人間性のパワーで世の中を渡りやすくなる。効果的に、健康的に、長生きに繋がるに違いない。

第二は「運動」。

①歩く

一日最低五千歩。歩くことは、あなたに色々なプレゼントをしてくれる。それは脳内の良いホルモンの分泌、足の筋肉強化、認知症の予防、ふんわりと幸せな気分などだ（ハードな運動は逆効果で、大量の活性酸素を発生させる）。

②簡単なストレッチ

【やり方】

無理をせず自分の柔軟性に合わせて行う。

強い反動をつけずに緩やかに行う。実施中に通常の呼吸を心がける。

二十〜三十秒間伸ばし続けると、筋肉はリラックスする。

③加圧トレーニング

それは加圧ベルトで脳を騙し、成長ホルモンの分泌が必要だと思わせる方法だ。

成長ホルモン（HGH：Human Growth Hormone）は脳《のう》下《か》垂《すい》体《たい》前《ぜん》葉《よう》から出るホルモンで、それは全生涯を通じて人の体に密接なかかわりを持つ「健康維持ホルモン」と呼ぶべきものだ。これも春山茂雄医学博士の著書『脳内革命』による方法である。

人間は年とともに成長ホルモンの分泌が減少していくが、この方法を取り入れれば、成長ホルモンの分泌を活性化させることができる。
成長ホルモンは新陳代謝を高め、ダイエットの高い効果を持っている。アメリカでは成長ホルモンのサプリメントが絶大な注目を浴びている（しかし、成長ホルモンの注射や、天然以外のサプリメントに依存すると、逆効果で人間自身の成長ホルモンの分泌機能を退行させるおそれがある）。
何十万円、何百万円もする若返りの全身振動マシーンがあるが、それに一日十五〜三十秒間乗り体の筋力を壊したことで「成長ホルモンを出せ」という命令を脳に送る。それで楽に若返れる。
嬉しいことに、加圧トレーニングでその高価なマシーンに近い効果を得られる。しかも、お金がかからなくて五分間だけすれば十分だ。

【やり方】

腕に加圧ベルトを巻くだけだ。運動もせずに成長ホルモンを引き出す。加圧ベルト五分間の上腕運動だけでも十分効果がある。後は水素水を飲んで活性酸素を中和する。

④スロースクワット

これはある程度、成長ホルモンを引き出す方法だ。

【やり方】

自分の体重を利用して、できるだけゆっくりとスロースクワットを十回行う。十五秒休息後、さらに七回のスロースクワットを繰り返す。

さらに十五秒休息後、ゆっくりとスロースクワットを五回行う。

コツはできるかぎりスロースピードを守ることだ。

⑤目がよくなる簡単な手当て

「菊花」のパックを目にあてること。

効果：疲れ目、視力向上、老眼、近眼、色々な目の不調に良い。

特に、目の疲れや視力改善に即効性がある。それに副作用はなし、市販の目薬に匹敵する効果が表れる。続けるとその良さが分かる。

それを一～二カ月続けていた人より、視力〇・五から〇・九までアップしたという効果が確認された。「あてるルテイン」のような効果。


【やり方】

生薬の乾燥した「菊花」を適量、お茶パックに入れ、お湯を注いだあとしぼって、温かい菊花パックを目にあてること。各目、五分間ずつあてる。一日一～二回。

第三は「食事」。それは高蛋白質、低カロリーをメインとして、粗食少食、少塩、少脂肪、多野菜、果物、大豆食品、納豆、ポリフェノールの食生活をして、かつ、腹六分目にしておくことだ。

サーチュイン遺伝子（長寿遺伝子）が人間の飢餓状態の時にオンになるので、とくに夕食を一時間早めに六分目で終わらせることにより、サーチュイン遺伝子が活性化する。それで、若返れる（サーチュイン遺伝子が食事制限でオンになる）。最近、ＮＨＫのテレビの健康番組でそれを放送していた。サーチュイン遺伝子はオーケストラの演奏団の指揮に例えると、人間の総括指揮の働きで体の各臓器を監督するように作用する。

食物では気軽に続けやすいものを一つ紹介する。それはタマネギを毎日五十グラム食べることだ。タマネギの「グルタチオン」成分が遺伝子の傷を修復し、がん予防の働きを持っている。それに、タマネギが人間の血液をサラサラにし、血管年齢を若返らせる（「海のミルク」といわれるカキに含まれる亜鉛が血管の老化を予防、改善する最新重要栄養素だといわれる）。

感謝と歓喜の心を持つだけで素晴らしいホルモンを分泌させることができる。

感謝の心を持って生きること、生きがいの追求を心がけることは現代人にとって欠かせないことになっている。

笑いのパワーを振るう

笑いは万物の霊長である人間に唯一与えられた能力だ。笑いは人間の多力な武器だ。ニコニコした顔ほど人間の心の感情を訴えやすいものはない。笑顔には氷のようなこわばりの表情を溶かしたり、警戒心を解いたり、心の距離を縮めたりする力がある。その力は目標に向かって協力、信頼関係を築く推進力となる。

笑顔は鏡のようなもので、どんなに気難しくて苦手と思っている相手でも、こちらが笑顔をみせると、相手も笑顔をみせてくれる。笑顔は笑顔を引き出し、ユーモアのセンスさえも漂わせる雰囲気が作られる。

喜劇俳優チャップリンの名言で言うと、「笑いは人生の潤滑油だ」。ここ一番という時にも「作り笑い」をすれば効果がある。四回のオリンピックで通算九個のメダルを獲得した選手カール・ルイスが、その方法を取り入れた。彼は百メートル競走のゴール二十メートル手前で、ニコッと「作り笑い」をする。そうすると肩の力が抜け、過剰な緊張が取れたので、望んだ通りの成績を収めることができた。

笑顔は時に自分を幸せにする強い力にもなる。自分自身を客観的に見つめ、心の重荷から自分自身を解放する時にも、笑いのパワーを振るってみるといい。深刻ぶって沈み込んでいる自分に笑いかけると何となく気分が楽になり、心にゆとりが出てくる。頭の回路がプラス思考へと切り替わるようになる。

マザー・テレサがこう語っている。

「単なる笑顔であっても私達には想像できないほどの可能性がある」

笑顔の効果と可能性を知っているあなたは、もっと意識的に、積極的に笑顔を活用しない手はない。

七福神が皆笑っているように「笑う門には福来る」という金言があるが、「笑う門には福だけでなく、健康もやってくる」のだ。

笑うことは何よりの薬だ。笑いの一番目の喜ばしい健康効果は人間の免疫力を向上させることにある。

笑いはＮＫ細胞（ナチュラル・キラー細胞）とＢ細胞（Ｂはbone marrowの頭文字で、骨髄の意）の働きを活性化させることができる。また、人間の免疫力を司るインターロイキンを大いに分泌させることもできる。

ＮＫ細胞とは体内に侵入したウイルスや細菌、がん細胞を破壊する働きを担う免疫細胞だ。

Ｂ細胞とは細菌やウイルスを破壊するための抗体を作り出す免疫細胞だ。

免疫力が高まると様々な病気にかかりにくくなるばかりでなく、がん細胞を破壊してくれるので、がん抑制にも効果がある（健康な体の人にも一日三千〜五千個のがん細胞が発生するといわれる）。「免疫の要」であるNK細胞とB細胞が常にそれらと闘って、私達の体を守ってくれる。

数年このかた、笑いの健康効果の研究が行われている。がん患者達に漫才を見せて大笑いさせたところ、ＮＫ細胞が八十五～六百パーセントも増加したというデータがある。一般的には笑いの度合いが大きくなるほど免疫力が高まることとなる。

笑いの二番目の健康効果は記憶力、判断力を向上させることができる。笑うことによって脳への血流を増加させたり、脳機能を活性化させたりする。人間の脳の記憶を司る「海馬」の働きと、判断力等を司る「側頭葉」の機能を良くしてくれる。それに、脳をリラックスさせるα波を増すことができる。

笑いの三番目の健康効果は幸福感、やる気のスイッチをオンにしてくれる。笑うだけで脳内に強烈な幸福感のある快楽ホルモン「β－エンドルフィン」、心のリラックスに必要な癒やしホルモン「セロトニン」を分泌させることができる。

ほかに、笑うだけで、アレルギー、リウマチの改善や、心臓病、糖尿病の予防にも役立っている。

笑う方法として一番理想的なのはお腹を抱えて笑う大笑いだが、笑いヨガをするのも良い方法だ。作り笑いでも、どんな笑いでも効果がある。確実的な方法は日常的に笑顔でいることだ。

一人でいる時でも仕事や勉強中の時にも、差し支えなければできるだけずっと笑顔でいられることがいい。

フランスの哲学者アランが『幸福論』の中にこう書いている。

「幸福だから笑うのではない。笑うから幸福なのだ」

これは医学的にも正しいと証明されている。笑うだけで有益な多数の健康効果をいつでもどこでも手軽に、しかも無料で手に入れることはなんと嬉しいことだろう。

笑う門には福だけでなく、健康もやってくる。

人間は一番素敵な表情が笑顔なのだ。
人生は笑ったもの勝ちだ。

感動する心を育てる

感動することは私達に意欲とエネルギーを与えることができると同時に、私達の心と脳を活性化させ、若返らせることもできる。

「心はイコール脳だ」という理論は、現代医学で主張されている。人間の脳の中には「前向きに生きよう」というインフラが組み込まれていると思われる。自分の願望に沿った楽しい想像をすれば脳のインフラが勝手に整備されているから、おのずと意欲が湧いてきて、行動に出てくる。未知のものとの会遇、行動による創造力の発揮というプロセスこそが「感動」をもたらすものだ。感動することによって新たな意欲とエネルギーを得るという好循環に繋がる。

人生を有意義なものにするため、「意欲」いわゆる「やる気」を持たせることが大切だ。知能（ＩＱ）を高めることよりも積極的な意欲を持つことのほうが良い人生に導いてくれるのだ。「やる気」が脳の機能を高めて、「意欲」が体の免疫力を元気にしてくれる。それらに関わるのは「感動する」という魔法の心のサプリメントだ。

「日々新たなり」という気持ちが日常生活において感動の感性を研ぎ澄ましてくれる。毎日の通勤で見かける街路樹やペットと散歩する時に感じる季節の風、そんな景色でも素直に小さなする。

感動を味わうのを心がける。そうすれば、人間の生き方の「はたらき」が活性化される。

人間の生命、細胞は常に新しいものを取り入れて新陳代謝の「はたらき」を維持する。私達

の考え方や気持ちはそれと同じで、新しい発見や小さな感動により、マンネリ化の反応を払拭する。

感動するとは、私達の脳が自分を変えるきっかけになる情報が来たと予感する時に訪れるも

のだ。感動するとは、私達の心を揺さぶられた時に動かされるものだ。

感動のあまり、涙が出てくる。人間の涙を分析してみれば何のことはないが、水と多少の塩

分にすぎない。ところが、この感動を伝ってきた涙の価値は成分の分析で終わるものではない。

人間の涙には、人生や生き方を変えるヒントになるという心が加わっているからこそ価値があ

るのだ。

初めての体験に挑戦することによる「感動」は常に大きなもので、印象的だ。それは脳との

感情や記憶のシステムを活性化させるから。二度目の中の初めてを探すことで感動を見つける

 こともできる。

新しいことにチャレンジし、さらなるものを取り入れて感動できる人ほど、いつまでも若々

しくいられる。

「もう」人生に変化などがないという「もう」の気持ちを、「まだ」満ち溢れるさらなるもの

に興味を持つという「まだ」の気持ちに入れ替えよう。

人間には「感動を分け合う」という共感回路がある。誰かに対して優しくしてあげると相手が思わず心温まる。お互いに理解し合う感動を味わうことは私達の心を豊かにすることができる。今までたくさんの感動をもらっている私達こそ、社会や他人を感動させるようなことに励む必要があるのではないか。

美しいものに触れるために外へ出かけてみるのは感動の種を見付ける一つの方法だ。花火大会に足を運んで観覧する人々の満面の笑みには家のテレビに映した花火にはない輝きがある。本物の花火を見た時の感動が比べものにならないくらい大きいからである。

記憶に閉じこめていた過去の場所へ出かけてみることも心の感動を呼ぶ、もう一つの方法だ。過ぎ去ったものというだけで懐かしく愛しい存在になる。それは言葉では言い表せないような感情が湧いてくる。今ここにないものは輝いて見える。今ここにいる自分の心を感動の空気で満たしてくれる。

美しい環境を整えることは意欲や感動を呼び出すための間接的な方法だ。ドイツから帰ってきた人から、その国の素晴らしい環境に感動したとよく耳にする。ドイツの町や道路にずらりと並んでいる住宅マンションが目立っているが、各窓に花の飾ってある風景はもっと目立って見える。それは前向きに生きる意欲を与える町作りだと思われる。

感動をあまり感じなくなった人がいるならば、それは長い間自分の感情を抑えてきたり、忙しさに追い込まれたりしているうちに、本来の自分が持っている感覚が鈍ってしまったからかもしれない。

それには「根拠なきでもいい」、自信をつけることで、それを解消することができる。「自分は必ずできる」という自信を持っている状態にすればいい。面白いことに、そうすることで自信を持っている脳と心の状態が出来上がってしまう。そうなれば自己肯定感が高まって自信溢れる素直な感情が外に出せるようになる。

毎日を無為に過ごしている人も感動できなくなることがある。それは自律神経作用が悪くなり、副交感神経の働きが弱くなるからだ。

解消方法として、一日数回、深呼吸を行う。胸、肺と腹を二カ所意識して、ゆっくりと息を大きく吸い込み、大きく吐き出す。それによって自律神経の働きがよくなり、感動のシーンを観る時に涙を流せるようになる。

感動することは
私達に意欲とエネルギーを与え、
心と脳を活性化させることなのだ。

「もう」人生に変化などないという「もう」の気持ちを、「まだ」満ち溢れていてさらなるものに興味を持つという「まだ」の気持ちに入れ替えよう。

ストレスへの対応の即戦法を学ぶ

社会の多様化、複雑化、グローバル化により、私達が様々なストレスを避けて生きていくのは難しくなっている。しかし、ストレスへの対応の即戦法を身に付ければ、ポジティブな思考で考え、ポジティブな行動を起こし、自分の望む方向へ進めることがスムーズにできるようになる。

医学や心理学の領域では、心や体にかかる外部からの刺激をストレッサーと言い、ストレッサーに適応しようとして、心や体に生じた様々な反応をストレス反応と言う。簡単に言うと、ストレスに対する考えを変えれば、ストレスに対する心と体の反応も変えることができる。

オーストリアの有名な精神医学者ヴィクトール・フランクルがこう言っている。

「人間に残された最後の自由は、どんな状況にあっても、その中で自分の態度を決めることだ」

日常の代表的なストレスへの対応の即戦法とは、次のようなものだ。

①大学試験に落ちた。良い就職ができなくなったらどうしよう。

↓落ちても大丈夫だ。また来年がある。
もしくは、「なるようになるさ」どこかで自分に合う仕事が見つかる。
②恋人にフラれた。辛い、寂しい。
↓ないよりまし。まあまあ楽しい時間や経験を持ててよかった。またどこからか新しい恋が飛び出してくるかもしれない。
③会社で上司から叱られた。どうして自分だけこんなに怒られるのだろう。
↓上司が私を叱るのには意味がある。心配してくれたからだ。
④会社で自分のプレゼンが通らなかった。がっかりした。
↓人の意思を尊重することができた。自分にも経験が一つ増えた。
⑤夫婦喧嘩になった。腹が立った。カーッとなった。
↓喧嘩しても得のことは何もない。やはり二人の愉快な時間、相手の良いところ、普段よくしてくれるところを思い出したほうがいい。
⑥子供の成績表に愕然とする。「なんでこの点数になったのか」
↓子供の成績表や偏差値は一つの物差しにすぎない。子供の良いところを多く見つけてあげよう。困った友達に手を貸したり、肩揉みしてくれたりする優しい子だよ。成績等はまだ頑張れる。賢い、凄い子供に育てたければ、賢い、凄いと言い続けること。
⑦「肝臓に大丈夫かな」、「ああまた吸ってしまった」などと言って酒やタバコに関して罪

の意識を持ちつつ、飲み／吸い続ける。

↓「好きな酒は美味しいな」、「休息の一本でホッとする。旨い」（お酒の飲みすぎ、タバコの吸いすぎは勧めないが、愛飲家、愛煙家にとっての心の持ち方）
⑧友人を食事に誘って、（たまたま）断られたら「私は嫌われている」。
↓友人には何か用事がある。たまたまタイミングが合っていないだけ。
⑨貯金が少ないし、ボーナスがない。「なんでこんなことになった」
↓ボーナスは出ないが、外食をして食べ過ぎることがないし、衝動買いもしないので、健康にもいいし、家に快適なスペースを保てる。
⑩ちょっと体調が悪いと、「自分はすでに重い病に侵されているのでは？」。
↓何も大したことはない。これは一時的な不調で、大丈夫だ。すぐ治る。
⑪昇進や昇格が今回まだない。「どうして自分だけが出世できないのか」
↓マイペースでいけるし、気軽に仕事ができる。
⑫コンプレックスがあることを恥ずかしく思う。
↓「天より与えられた個性」だと思う。コンプレックスをキャラクターにする。自分らしいところだ。もしかすると、何か特別な存在の意味も含まれているかもしれない。
⑬最近、旅行会社の破綻で、ハワイ旅行中にホテルをキャンセルされ、野宿させられた辛い経験があった。がっかりした。

↓人生にはそんなことがあるが、まあ面白い体験になった。
⑭毎日時間に追われ、仕事だけでなく、私生活でも忙しすぎる。「生き急ぎ」状態で「忙しい、忙しい」を連発している。
↓「生き急ぎ」をしなくていい。毎日対応できる範囲のことをじっくり味わえば、ストレスの急ぎ感を感じないで済むし、心の楽しみで日々を送るほうがいい。「生き急ぎ」状態のメリットは何もない。
⑮事業が失敗して、悔しかった。
↓このぐらい失敗したからといって、人生終わりじゃない。天が他の道もあると教えてくれてよかった。貴重な経験だ。
⑯物忘れがたまたまある。「もう歳かな」
↓想像力、遺伝子は歳をとらない。一筋にプラスの発想に徹すれば大丈夫だ。何歳になっても記憶力を保つことができる。
⑰クラスメートや同僚にいじめられて腹が立った。
↓「僕が偉い」、「私には才能がある」ということを、その嫉妬で証明されている。
⑱老い、老齢が恐い。
↓年をとってもそれを認めない限り年をとらない、若いままいられる。自分の心に神の力（宇宙の活力）が宿っていることは永遠に変わりない。年とともに、忍耐、親切、

喜び、知恵、理解等が増えてくる。いくつになっても自分には「人に与えることがある」、「新たに学ぶことがある」。加齢を恐れることは逆効果である。「私の大いに恐れていたことが私に降りかかってきた」という聖書の言葉は真実を訴えている。

⑲大病して苦しい、悔しい。
↓「命あるだけまる儲け」。命の愛しさにありがたい。「希望」という特効薬で艱難辛苦《かんなんしんく》に打ち勝つことができる。「体を治して」というシグナルだったんだ。このぐらいの病で済んでよかった。「無限の生命力を持っている私は、必ず治る！」

⑳最愛の肉親の逝去で悲しくてたまらない。
↓「いままでの思い出をありがとう」、「感謝の気持ちのほうが悲しい気持ちより大きい」一つの悲しみには意味がある。それは太陽がいつも朝を連れて来てくれるように、この上なく大切な明日が来ると悟る。

要するに、目の前のことに対して「いやだな」と思うことをも「いいな」と思うように前向きに捉えることがポイントなのだ。

事に当たっては、その反面を考える必要があるという春秋時代の老子思想も同じ事を諭《さと》している。

ストレスというものは肯定的に受け止めればプラスに働き、否定的に捉えればイライラしたり、逃避したり、病気になったり等、マイナス面に大きく作用するものなのだ。

「ストレスは万病のもと」とよくいわれるが、ストレスに対して「いやだな」とマイナスの発想をすると、脳内から有毒のホルモン「ノルアドレナリン」「アドレナリン」が必ず分泌されてくる。同時に活性酸素を発生させる。

活性酸素はどんなものか。活性酸素とは空気中にある酸素が変化を引き起こすことを意味する。例えば「鉄がさびる」、「バターや食用油等が変色する」等。活性酸素は病気や老化をもたらす人間の敵だ。

ノルアドレナリン、アドレナリンが分泌されると、一体どうなるのか。

分かりやすく表現すると、人間が原始時代にジャングルや草原で猛獣や強敵に直面した場合とまるっきり同じ反応を見せてしまうのだ。

このノルアドレナリン、アドレナリンはどんな病気にも関係している。間違った知識や様々な主義によるマイナスの考え方、悲観的な思考が遅かれ早かれ精神的、感情的病気、或いは肉体的病気を誘発することになる。

ところで、どんなストレスに降りかかられても、楽なほう（不本意なことの反対）へと考えて、「これも試練だ。いいじゃない」とプラスの発想をすると、脳内でＰＯＭＣという蛋白質が分解し、副腎皮質ホルモンというものが出てきて、身体的ストレスの緩和剤として作用する。それに快楽ホルモンβ－エンドルフィンが分泌され、精神的ストレスの解消に役立つ。

マイナス発想の消極的な捉え方にすると、人間の脳内にある猛毒のホルモンが暴れる。プラス発想の積極的な捉え方にすると、良いホルモンの分泌で体内にできる物質は良い薬として働く。

最近、米国カリフォルニア大学のテロメア研究の権威、エペル教授がこう指摘している。

危険なネガティブな思考、例えば悪い未来の先読みなどの悲観的な考え方が「命の回数券」と呼ばれるテロメアを早く短くさせ、老化のスピードを加速させる。

とにかく、人間がものを考えたり感じたりするのはホルモンなしには発生しないのだ。

もっと簡単に言うと、「いいな」と思う時、良いホルモンは登場するが、「いやだな」と思う時、悪いホルモンの出番になる。

猛毒のノルアドレナリン、アドレナリンの世界に住むか、超ハッピーなβ－エンドルフィンの世界に住むか、あなたが選択する自由を与えている。

心を鍛え、常にポジティブに積極的に楽しくしていることが健康の決め手だ。

ここで考え方を楽に覚える方法を二つ紹介する。

それは「とりあえずある」というマジック精神で考えることだ。

「ある」とはあかりのルミナリエ

又は「あり」とはあかるいりそう

つまり「とりあえずある」というマジック精神は「灯りのルミナリエ、明るい理想」に繋がり、プラス思考、遺伝子オン体質に変わるものだ。逆に、

「ない」とはなみだのいらだち
又は「なし」とはなくしつぼう

つまり、「ない」「なし」というものは「涙の苛立ち、泣く失望」に繋がり、マイナス思考、遺伝子オフ体質に変わるものだ。

次は、常にアファメーション（自己断言）をすることだ。アファメーションとは「自分自身に向かってポジティブな普遍的真理を断言すること」を表す。

牽引の法則で自己断言の言霊《ことだま》は、それ自身の磁気エネルギーを持って、同種のエネルギーを牽引することができる。

したがって、私達が自分に断言したことが私達の現実になることだ。「人は心で考える通りのものである」という金言があるから。

潜在意識の力学と暗示のパワーに関する世界的専門家、リンダ・ローズ博士が著書の『あなたの人生を変える催眠療法』で、次のアファメーションを教えている。このマニュアルを活用

すると、ポジティブな思考や心身の健康に良い変化をもたらしてくれる。

○私は自分自身に不動の信頼を寄せている。
○私の内側には、あらゆる答えと叡智《えいち》がある。
○私は自分を愛しており、ありのままの自分を受け入れている。
○私と〇〇〇との関係は、日を追うごとに、より満ち足りた、より幸せなものになっている。
○豊かさは私の自然な状態だ。私は今、それをしっかりと受け入れている。私は〇〇を努力することなく、たやすく手に入れている。
○私の内側にある普遍的な生命は、今や私の人生のあらゆる側面に、ポジティブな結果をもたらし続けている。
○今や私の人生は、バランスの取れた良い形で展開している。
○私の創造主は私を無条件に愛している。
○私は自分の個人的な意志を完全に委ねる。神聖なる力は私を最高の善へと常に導いてくれる。
○私は、楽に人生の流れに身を任せている。
○毎日、毎日、あらゆる面で、私はどんどん良くなっている。

○私は開かれた存在であり、光と愛に満ち溢れている。
○私は自分の人生の主人であり、自分の運命の構築家である。

人間の物の考え方、形成された心の深層の概念は簡単に変えられないが、泥の溜まった井水を少しずつ汲んでいけば、最後には清らかな水へと変えられるように、それらの方法を通じて、プラス思考を意識的に習慣にすれば、どんなネガティブに考えがちの人でも、プラス思考の体質、遺伝子オンの体質に変わることができるのだ。

人間は心から変わりたいと思わない限り、変えられない。体の健やかさは心に「滋養強壮剤」を与え続けない限り本当は獲得できない。

つまり、神の力・宇宙の活力と一致し続けることだ。

強くて元気な心に鍛えてこそはじめて、ストレスフリーになり、輝くような健康な体を維持することができる。

聖書にはこんな名言がある。

「自分の心を占領できるのは一つの都市を占領することより良い」

ストレスに対する考えを変えれば、ストレスに対する心と体の反応を変えることができる。

ストレスへの対応力とは、どんなストレスに降りかかられても、前向きに肯定的に捉えて対応するものだ。

究極の快楽への自己実現を追求する

人生の究極の快楽の秘密がどこにあるかを知っている人は限られているように思われる。多くの人は現状に満足していないが、具体的にどうすればいいのかは漠然としている。人生の本当の「至高の喜び」を悟っていないために道に迷い、人生をさまよい歩くハメになる。

人間誰もが健康、幸福、繁栄、長寿と願っているのだが、本当にそれを全部獲得できる人は少ないようだ。それは勇気や能力が足りないからではなく、「人間の欲求論」と人生の目的との関係、実践方法をよく知らないからだ。

「なれる可能性のある最高の存在になりたい」という自己実現の欲求を湛《たた》えれば、汲めども尽きない「至高の喜び」を得ることができる。

有名な心理学者アブラハム・マズロー博士の「人間の欲求論」は四つに分けられる。生理的欲求、安全的欲求、所属と承認の欲求、自己実現の欲求である。

脳科学では人間の脳を同じ四つの脳に分けられる。原脳と言われる爬虫類脳、大脳辺縁系の犬猫脳、人間の特徴でもある大脳新皮質の人間脳、そして、瞑想脳（高級脳）と言われる前頭前野（前頭連合野）である。

さらに世界保健機関（WHO）の健康の定義も四つから成り立っている。身体的健康、精神的健康、社会的健康、霊的健康（スピリチュアルヘルス）である。

まとめると、次のような関係になる。

①原脳と言われる爬虫類脳は生理的欲求（食欲、性欲、睡眠欲等、本能的欲望のこと）を満たすことで、身体的健康を確保している。
②大脳辺縁系の犬猫脳は安全の欲求を満たすことで、精神的健康を確保している。
③大脳新皮質の人間脳は所属と承認の欲求（社会の一員、自尊心の満足、他者、社会からの確認、名声、地位、評判等）を満たすことで、社会的健康を確保している。
④瞑想脳（高級脳）の前頭前野は自己実現の欲求を満たすことで、霊的健康を確保している。

自己実現というのは自分は何のために生まれてきたのか、自分以外の人のために何で役に立てるのかが分かって、それに生き甲斐を感じてチャレンジできるというものである。自己実現への実践を持って、どのように霊的健康と人生の最高幸福を得ているのか。近年大飛躍した脳科学がそれを解釈できるようになった。

人間とはどういう生き物なのか。人間とは快感原則に忠実に生きる、万物の霊長としての生き物である。人間の欲求は段階的欲求レベルを高めていくものであって、並んだいくつかの欲求を選択するものではない。大事な要点は「欲求レベルが高くなるほど脳内モルヒネの快感も増していく」ところにある。

人間の「脳内モルヒネ」（すなわち快感神経を興奮させる物質）には約二十種の脳内神経伝達物質であるホルモンがある。快楽ホルモンβ－エンドルフィンは、世間の廃人になるおそれのある合成麻薬のモルヒネの五、六倍の効力の快感を持っている。物質の構造式が麻薬のモルヒネに似ているが、依存性、副作用等の危険性はまったくない。

それどころか、β－エンドルフィンが最高の至福感の放出、免疫力の向上、記憶力の強化、忍耐力の創成、成人病や認知症やがんの予防、人間のすべての営みへの良い作用に貢献してくれる。その夢のような快楽ホルモンを私達人間の脳内でつくることができる。

脳科学が人間の意味深長な真実を読めるようになった。血液からどの程度の濃度のモルヒネが出ているかを測定すれば、その人の満足度、幸福度が分かる。そればかりでなく、ストレスにより、心の問題からの心の変化は科学的に説明できるようになった。つまり、人間がどのような生き方をすれば、脳内モルヒネがどのぐらい分泌できるか、脳内でどのような変化が起きるか分かってしまう。その人が健康のままでいられるのか、それとも近い将来にどんな病気にかかるか判明できてしまう。

そのために、健康というものは脳、心の健康と体の健康が一致しないと、真の健康にならないことが分かる。楽しい心としっかりとした頭さえあれば、ある程度筋肉の体を持って百歳を超えても、すべて現役でいられる。人間本来の健康、長寿、幸福と願っているのは全部実現できるものだ。

人間の欲求と健康の関係はすでに説明した通りだ。人間本来の色々な欲求が満たされると、脳内からご褒美としての脳内モルヒネ（快楽ホルモン）をもらっているという幸福感を感じ、心も満たされるわけだ。

人間の最大の不思議な秘密がこのように解き明かされた。それは人間は正義の行動をしたり、真・善・美にかかったりする時、正しく立派な生き方をする時、そして、世のため人のため何か役立つことを生きがいとして自己実現する時、その夢のような快楽ホルモンβ－エンドルフィンがどんどん分泌されるのだ。しかも、そういう場合、人間の体内で負のフィードバックが作用していないので、β－エンドルフィンは枯れることなく、ほとばしり出てくることになる。

人間は本来、人生を楽しむために生まれてきた。人間は心の中に潜在意識、すなわち心の力という「万能力」が備わり、脳内に脳内モルヒネ、すなわち快楽ホルモンβ－エンドルフィンという「万能薬」が備わっている。だが、健康に長生きでき、かつ「至高の喜び」を楽しめる成功の人生を手に入れるには、神様から「人生の目的はそのような自己実現を目指すことにあるよ」「そのような生き方をしていけば全部叶えられるよ」といったメッセージをもらえるよう心掛けないわけにはいかない。なぜかというと、人間、宇宙、森羅万象の大自然を創造した「サムシング・グレート」と呼ばれる神様から、そのような遺伝子を私達人間の体に「意図的に」埋められていたからだ。

自己実現を見つけ、自分の使命として自覚できたのは本当の意味がある。

この「自覚」にこそ「精神的に高い境地」という意味が含まれる。「喜んでする人」は脳内で神様からのご褒美のβ－エンドルフィンをどんどんもらえる一方で、「しかたなく義務や責任感でする人」は脳内でノルアドレナリンしか得られないことになる。

自分自身だけの楽しみを追うような生き方をしてきた人がいるならば、仕事を定年退職したり、子育てから解放されたりすると、一見気楽げに見えるが、実は取り残されたような気持ちや喪失感を感じたりさせられる。心の楽しみや社会への接触が限定されてしまうから。それなら、世のため人のため、ささやかなことでも社会参加に捧げたほうがいい。やはり、社会や宇宙に繋ぐ自己実現のような「大欲」はエンドレスの活力、生気を保つことができるから。

世のため人のためと思う心からはネガティブな思考が生まれるはずがない。誰かのために動くことはプラス発想、ポジティブな思考の何よりの源なのだ。

元気に長生きできる鍵を握るものは「目的意識」だ。プラス発想、ポジティブな思考こそが積極的な「目的意識」を持てるのではないか。カナダにあるカールトン大学で心理学を研究している学者、パトリック・ヒルがこう指摘している。

「われわれの調査によれば人生の目標を見つけ、達成したいと思える重要な目標を定めることは目的を見つける時期にかかわらず、その人が長生きするのに貢献する」

つまり、運動と食事より、「人生の目的」のほうが重要なのだ。

私達は「人生の目的」が最後に魂の成長にあるのだ。

なぜなら、私達の生命そのものは宇宙と同様に、発展にあるからだ。

プラス発想、ポジティブな思考は健康をはじめとする私達の生命、人生のすべてに絶大的な力を誇る。それは「良いことを思えば良いことが起こる」という有名な人生のゴールデン・ルールと完全一致している。

脳の若返りや認知症の予防のため、いままで「頭を使え」と勧められてきた。だが、効果の大したことのない、ややこしい方法より、ひたすらプラス発想するのが一番効果的だと、春山茂雄医学博士が教えてくれている。

日野原重明医学博士、小倉遊亀画家が百五歳の天寿を全うしたのも、世のため人のために生きてきたから。ひたすらプラス発想するようになるためには世のため人のために生きるのが一番だ。

ジョセフ・マーフィー博士が私達の「生命」についてこう語っている。

「唯一の生命が数多くの個人として顕現したもの、それが『人類』だ」

「一つの心」という人類大海に浸っている私達は世のため人のため、人類に貢献するため、この世にいる。

「私達はすべて一つの生命の原理から出ているのであるから、本当はわれわれはすべて繋がっているということである」

生命は私達を通して、真・善・美、愛、活力、繁栄、躍動、歓喜をことごとく表したいと願っている。

生命にある瞑想脳は遺伝子の記憶や宇宙や生命の根源と結び付いているので、高尚な欲求の自己実現をする時にこそ、神様からのご褒美のβ－エンドルフィンは限りなく深く、限りなく永く流出してくる（低次元の欲求を満たす時にβ－エンドルフィンの分泌は体内にあるストッパーの働きで長く続かない）。

それで、私達の生命の真実は自己実現している時の快感がどこまでも続くように出来上がっていることにある。

偉人、賢人たちの生き方を見渡して、一般の人から見れば「ご苦労なことだ」と思われるのは一般大衆の猿知恵だが、実はβ－エンドルフィンの汲めども尽きない放出が、彼らの夢見る心地で生きるとてつもない「運転資産」になっていた。

「肯定、感謝、歓喜、愛、善意、プラス発想」による「褒め言葉」を自分の遺伝子に与える自己実現を目指していけば、β－エンドルフィンから絶えず放射されてくるはつらつとした元気さ、この上ない充実感とあくなきバイタリティ、とぎれることのない至高の喜びを享受できるようになる。

あなたの自己実現を見つける方法としては、ソクラテスの言葉で言えば「汝自身を知れ」、つまり、自分はどういう人間かと考えることだ。いままでやってきたことの中で一番楽しいことや自分に合ったことを振り返って、「私のβ－エンドルフィンをどんどん出せるツボはどこにあるのか」と思案する。もう一つ確かな方法は自分の潜在意識、即ち、「私にはどんな隠れた才能があるか」、「私の自己実現はどんなものか」と問いかけて、心の深層のささやきに耳を澄ませることだ。

私達はそのような「至高経験」、「至高の喜び」が存在することが分かれば、自分が必ず何か持っているもの、熱意、愛、能力を社会のために解き放とう。自己実現を追い求めよう。

もっとも幸福な人は、自分の心の中の最善のものをさらけ出せる人なのだ。

もっとも幸福な人は、そのような生き方により「至高の喜び」を手に入れる人なのだ。

自己実現はどこにあるかと見出して、それに自分の使命として自覚できた時から、あなたは尽きることなく放出させてくるβ－エンドルフィンで「至高の喜び」に浸っているに違いない。

その上、きっとそのような「至高の喜び」に包まれる日々を生涯送り続けるだろう。

健康、幸福、長寿の人生を獲得する鍵は生き方で、快楽ホルモン「β－エンドルフィン」をどのくらい出せるかにある。

鷹が青空に向かっているのは、はばたくためである。花が太陽を浴びるのは、咲き誇るためである。人間が明日を迎えるのは、生きがいのある人生を求めるためである。

おわりに
感謝する力が魔法の力

「感謝」という二文字とは喜びたい心で感じ、ありがたい言葉で表し、身《からだ》を支えて生きるという意味だ。感謝とは人間の喜びを知ることだ。そして、感謝は健康、成功、繁栄を引きつける磁石のようなものだ。

多くの現代人は感謝の心が素朴なことで、深く持つ必要はあまりないと思うかもしれない。しかし、感謝には素晴らしい力が秘められている。その力は私達に無限の悦《よろこ》びと活力を与え、健康と進歩をもたらす幸せの源なのだ。

自分の心の中に感謝の気持ちを湧き上がらせるには、「起こったことすべてを良いこととして受け入れて」「ありがたい」というプラス発想を習慣にするのが肝心だ。筑波大学の名誉教授である村上和雄氏がこう言っている。

「感謝の心は良い（成功と幸福の）遺伝子をオンにします」

心の法則の柱である感謝の心が健康、成功、長寿を成就してくれる魔法の力なのだ。

感謝は私達の人生に好影響を与える強力な感情だ。感謝は人間を動かす巨大なエネルギーの力だ。世の中に当たり前のことは一つもない。あらゆる豊かさ、天地自然の恵み、すべてのことに感謝すること、いつも機嫌の良いことは大いなる美徳の一つだ。では、どうすれば、感謝の心を深く持つことができるのだろうか。それは、本当は生きているだけでとても幸せな存在なのだということに気が付くことだ。

まさに「われわれはわれわれが生まれたということに感謝しなければならない」という、アメリカの思想家ソローの名言のように。

言い換えれば、私達人間としての根底になくてはならない原点が感謝の心だ。

感謝と歓喜の気持ちを持つことは、あたかも正確なコンパスをあてにするかのように、人生の航海を正確に前進させてくれるものだ。

感謝と歓喜の気持ちを持って、宇宙の大海の流れに沿って、人生の航海船を操縦していこう。

感謝と歓喜の気持ちを持って、宇宙の完璧なるシナリオを、良き人生の舞台で演じていこう。

「ありがとう」という美しいメロディーで、宇宙のエネルギーを循環させていこう。

吉田　遠（よしだ　えん）
中国湖南省出身。中国国立武漢大学外国語学部日本語学科卒業。日本滋賀女子短期大学秘書科卒業。平成７年、帰化。日本企業、商社に就職し、翻訳、通訳、中国語講師として活躍した後、独立（フランチャイズビジネス）。現在、貿易コンサルタント、FXトレーダーとして活躍中。

夢見る力
人生の王道を歩む魔法の力

2018年５月６日　初版第１刷発行

著　者　吉田　遠
発行者　中田典昭
発行所　東京図書出版
発売元　株式会社 リフレ出版
〒113-0021　東京都文京区本駒込 3-10-4
電話 (03)3823-9171　FAX 0120-41-8080
印　刷　株式会社 ブレイン

© En Yoshida
ISBN978-4-86641-133-0 C0011
Printed in Japan 2018
落丁・乱丁はお取替えいたします。

ご意見、ご感想をお寄せ下さい。
［宛先］〒113-0021　東京都文京区本駒込 3-10-4
東京図書出版